Deutscher Juristentag e.V.
Recht mitgestalten.

Seit 1860.

Recht mitgestalten.
150 Jahre Deutscher Juristentag 1860 bis 2010

Verlag C. H. Beck

Impressum

Herausgeber
Deutscher Juristentag e.V.
Oxfordstraße 21, 53111 Bonn
www.djt.de

Text und Bild
Dipl.-Vw. Anke Waldmann, M.A.
(Kapitel 1, 2, 3 und Bildauswahl)
Dr. Wibke Becker
(Kapitel 4)
Geschichtsbüro Reder, Roeseling & Prüfer, Köln

Redaktion
Dr. Thekla Keuck
Dr. Thomas Prüfer
Geschichtsbüro Reder, Roeseling & Prüfer, Köln
www.geschichtsbuero.de

Gestaltung
rulle & kruska gbr, köln–berlin
www.rulle-kruska.de

Druck
Offizin Andersen Nexö Leipzig GmbH
Spenglerallee 26-30, 04442 Zwenkau

ISBN 978-3-406-60893-3

Wilhelmstraße 9, 80801 München

Inhaltsverzeichnis

Grußwort

Der Verein „Deutscher Juristentag“, dessen Weg durch 150 Jahre dieses Buch nachzeichnet, ist 1860 aus dem Wunsch entstanden, für den deutschsprachigen Raum ein einheitliches Recht zu schaffen, das die damals bestehende Rechtszersplitterung beseitigen sollte. Er hat primär dieses Ziel durch mehrere Jahrzehnte verfolgt. In ihm wirkten sehr bald führende Juristen aus Wissenschaft und Praxis in Gutachten, Stellungnahmen, Kongressen und Diskussionen zusammen. Seine Ergebnisse haben an der Verwirklichung des Ziels maßgeblichen Anteil gehabt. Es war deshalb wichtig, dass er diese Mitarbeit an der Rechtsordnung auch nach dem Ersten Weltkrieg fortsetzte, als sich die gesellschaftlichen und damit auch die rechtlichen Verhältnisse neu zu gestalten hatten, als Verfassungs-, Arbeits-, Verwaltungs- und Steuerrecht etwa zu neuen Materien zu entwickeln waren.

Der Deutsche Juristentag hat seine wissenschaftliche Ausrichtung selbst in der immer diffuser werdenden politischen Landschaft Anfang der 1930er Jahre beibehalten. Auch die Mitglieder des Vorstandes des Vereins, der sogenannten Ständigen Deputation, deren Namen und Bedeutung gerade für das Jahr 1933 das vorliegende Buch festgehalten hat, wahrten seinen Ruf. So widerstand die Deputation der 1933 üblichen Aufforderung, geschlossen zurückzutreten und Platz für die neuen Machthaber zu machen. Stattdessen hat sie wegen der neu eingetretenen Verhältnisse den für September 1933 vorgesehenen Juristentag abgesagt, weil wissenschaftliche Arbeit nicht mehr möglich sei. Angesichts dieser Haltung der Deputation haben die NS-Juristengrößen kurzerhand eine Kundgebung nach Leipzig einberufen und sich hierfür des Namens „Deutscher Juristentag“ bemächtigt, der mit dem Verein

Deutscher Juristentag und seiner fast 100-jährigen Wirkung nichts zu tun hatte. Zu ihm sollen mehr als 20.000 Teilnehmer gekommen sein. Von den 24 Mitgliedern der Deputation hat sich nur ein pensionierter OLG-Präsident beteiligt. Man kann nicht deutlich genug das Verhalten des Vereins Deutscher Juristentag von dem der deutschen Juristen dieser damaligen Kundgebung abgrenzen, die sicher in ihrer Mehrzahl freiwillig oder gezwungen dem neuen Zeitgeist huldigten. Der Verein kann mit gutem Gewissen auf diese damaligen Vorgänge zurückblicken; nicht dagegen die Allgemeinheit der deutschen Juristen. Sich damit zu befassen, hat der Verein 1965/66 – spät, aber vielleicht doch nicht zu spät – als seine Aufgabe angesehen. Zugleich öffnete der Verein in der Bundesrepublik die Tür zu neuem Denken und modernerer Thematik, ebenso zu neuen Mitgliederkreisen: Bis in die 1980er Jahre hat sich die Zahl der Mitglieder fast verdreifacht.

Eine wichtige Entwicklung der vergangenen 20 Jahre war, dass Brüssel als Quelle neuer Rechtssetzung immer mehr in den Vordergrund trat, die zunehmend in die deutsche Rechtsordnung eingriff. Hier das Wissen der Praxis in die Überlegungen der Kommission einzubringen, musste zur Gründung europäischer Juristentage führen, die der deutsche Verein in besonderem Maße gefördert hat und die inzwischen fast selbstverständlich geworden sind.

Das vorliegende Buch schildert die 150-jährige Geschichte des Vereins bis zur Gegenwart mit aller gebotenen Offenheit und Gründlichkeit.

Eine anregende und unterhaltsame Lektüre wünscht

Prof. Dr. Konrad Redeker

Kapitel 1

Der Weg zur Rechtseinheit
1860–1900

Am Anfang war die Idee: Eine Versammlung von Juristen wollte die Einheit der Deutschen auf dem Gebiet des Rechts vorantreiben. Auf dem Ersten Deutschen Juristentag, der am 28. August 1860 in Berlin seine Arbeit aufnahm, kamen mehr als 700 deutsche und österreichische Juristen zusammen. Sie entwarfen ein ambitioniertes Programm mit dem Ziel, das Straf-, Zivil- und Prozessrecht zu vereinheitlichen. Die Resonanz war groß: Innerhalb weniger Jahre entwickelte sich der Deutsche Juristentag zu einer Institution, auf die gehört wurde. In der Folgezeit initiierte er zahlreiche Gesetze und prägte die großen Gesetzeswerke des Deutschen Reiches mit, die Reichsjustizgesetze von 1879 und das Bürgerliche Gesetzbuch von 1900.

Eröffnungsveranstaltung des Dritten Deutschen Juristentages in Wien 1862.

Ein junger Privatdozent macht den Anfang

Auf der Vorstandssitzung der Juristischen Gesellschaft zu Berlin am 3. März 1860 meldet sich der 30-jährige Privatdozent Dr. Franz von Holtzendorff zu Wort. „Der Vorstand", so seine Anregung, „möge der Juristischen Gesellschaft in deren nächster Sitzung die Ausschreibung eines Deutschen Juristentages vorschlagen." Der Antrag wird mit nur einer Gegenstimme angenommen. Eine Woche später sprechen sich nach lebhafter Debatte auch die versammelten Mitglieder der Gesellschaft dafür aus. Der Abend endet mit dem Vorschlag des Berliner Professors Rudolf von Gneist, den Vorstand mit der Berufung eines Deutschen Juristentages zu beauftragen. Die Mitglieder stimmen zu; die Vorbereitungen können beginnen.

Bereits auf der nächsten Sitzung, am 14. April 1860, legt der Vorstand Entwürfe für Einladungsschreiben und Tagungsprogramm sowie eine vorläufige Satzung vor. Die Vorstandsmitglieder haben zudem führende Juristen in allen deutschen Staaten und in Österreich angeschrieben und über das Vorhaben informiert. Fast alle sagen ihre Teilnahme zu und stehen den Organisatoren mit Rat und Tat zur Seite.

Den Beteiligten ging es um mehr, als eine große Zahl Juristen zu versammeln: Einheit und Freiheit des Vaterlandes waren das Ziel. Denn seit dem Untergang des Alten Reiches 1806 und der Errichtung des Deutschen Bundes 1815 bestand „Deutschland" aus über 30 einzelnen Territorien, darunter Königreiche, Fürstentümer und Stadtstaaten, mit Preußen und Österreich an der Spitze. Seither hatte es immer wieder Bestrebungen – vor allem des erstarkenden Bürgertums – gegeben, einen Nationalstaat zu gründen. Am Beginn der deutschen Nationalbewegung standen die Turner von Friedrich Ludwig Jahn und das von studentischen Burschenschaften initiierte Wartburgfest 1817. Allerdings zogen die regierenden Fürsten nicht mit. Dabei riefen die Untertanen immer lauter nach Einheit und Freiheit. Hinzu kamen soziale Spannungen im Zeitalter der Industrialisierung. Im März 1848 entlud sich der aufgestaute Konflikt: Die Menschen gingen auf die Straße, bauten in Berlin und Wien Barrikaden; die Revolution hatte begonnen. Am Ende wählten die Deutschen ihr erstes Parlament, das in der Frankfurter Paulskirche tagte.

Doch die damit verbundenen Hoffnungen erfüllten sich nicht. Der preußische König Friedrich Wilhelm IV. wies die ihm vom Parlament angetragene deutsche Kaiserkrone und mit ihr die Verfassung einer konstitutionellen Monarchie zurück. Die Revolution war gescheitert, eine Zeit der Reaktion begann. Erst Ende der 1850er Jahre setzte politisches Tauwetter ein. Im größten und mächtigsten deutschen Staat, in Preußen, übernahm im Oktober 1858 Prinz Wilhelm an Stelle seines schwer erkrankten Bruders Friedrich Wilhelm IV. die Regierungsgeschäfte. Der Prinzregent legte freiwillig einen Eid auf die Verfassung ab, setzte ein liberaleres Kabinett ein und bekannte sich zur nationalen Einheit. Eine „Neue Ära" hatte begonnen. In der Folgezeit entstand ein gesellschaftliches Klima, das das nationalpolitische und soziale Engagement des Bürgertums förderte. Diese Entwicklung führte zur Wiederbelebung oder Gründung von gesamtdeutschen politischen Parteien, Verbänden und Vereinen.

Juristen im Aufbruch

Die Gründung des Deutschen Juristentages war Teil des nationalen Aufbruchs. Mit der Durchführung dieses Projekts betrauten die Mitglieder der Berliner Juristischen Gesellschaft nach den Vorarbeiten des Vorstands nun eine zehnköpfige Kommission. Diese informierte die höchsten Justizverwaltungsstellen der größeren deutschen Staaten über das Vorhaben und machte es öffentlich bekannt. Am 16. Mai 1860 wurde die Einladung zum Deutschen Juristentag samt Tagesordnung und einleitenden Paragraphen der vorläufigen Satzung in der „Preußischen Gerichtszeitung" abgedruckt: „Beseelt von dem Wunsche, die Einheit Deutschlands auf dem Gebiete des Rechtes nach Kräften fördern zu helfen, hat die ‚Juristische Gesellschaft' in Berlin beschlossen, einen Deutschen Juristentag auszuschreiben und jährlich wiederkehrende Versammlungen von Deutschen Rechtsverständigen anzubahnen." Die Einladung richtete sich an alle deutschen Richter, Staatsanwälte, Advokaten und Notare, an Hochschullehrer, Mitglieder gelehrter Akademien sowie an die rechtsgelehrten Mitglieder der Verwaltungsbehörden. Der Deutsche Juristentag sollte in Berlin nach dem Ende der Gerichtsferien vom 28. bis 30. August 1860 stattfinden.

Die Resonanz war überwältigend. Anstelle der erwarteten 300 kündigten mehr als 700 deutsche und österreichische Juristen ihre Teilnahme an, darunter bedeutende Rechtsprofessoren wie Johann Caspar Bluntschli, Rudolf von Ihering, Carl Georg von Wächter, Theodor Mommsen und Heinrich Albert Zachariä, des Weiteren bekannte Praktiker wie der Hamburger Rechtsanwalt und vormalige Vizepräsident der Frankfurter Nationalversammlung Gabriel Rießer und der Generalstaatsanwalt des Königreichs Sachsen, Friedrich Oskar von Schwarze.

Alle angeschriebenen Regierungen und Ministerien bekundeten ihre Zustimmung und Unterstützung. Der preußische Prinzregent Wilhelm bewilligte aus Staatsmitteln 2.500 Taler zur Finanzierung der Tagung – eine stattliche Summe; so verdiente die Mehrzahl der preußischen Beamten damals weniger als 400 Taler im Jahr. Sein Sohn, Prinz Friedrich Wilhelm, erklärte sich bereit, die Juristen im Potsdamer Neuen Palais persönlich zu empfangen. Auch der preußische Justizminister kündigte einen Empfang für die Besucher des Juristentages an. Zahlreiche Anträge gingen ein, die nach Auswahl der Ausschreibungskommission gedruckt und gemeinsam mit der vorläufigen Satzung an alle Mitglieder sowie alle deutschen Regierungen und den österreichischen Kaiserhof versandt wurden.

Am 28. August 1860 war es dann so weit: Nachdem die Juristische Gesellschaft bereits am Vorabend zum Kennenlernen eingeladen hatte, wurde der Erste Deutsche Juristentag in Anwesenheit von Prinz Friedrich Wilhelm von Preußen sowie Justizminister Ludwig Simons eröffnet. Es folgten drei Tage intensiver Arbeit. Von allen Seiten gerühmt, klang der Deutsche Juristentag am 30. August 1860 bei einem Festessen aus und wurde mit zahlreichen Toasts gefeiert: „Auf den Juristentag nach langer Juristennacht."

Auf der Suche nach Rechtseinheit

Der Erste Deutsche Juristentag war nicht nur eine Fachtagung, sondern setzte ein nationalpolitisches Signal. Juristen aus allen deutschen Staaten kamen zusammen – dazu gehörten ganz selbstverständlich auch die Österreicher. Das Ziel war die deutsche Rechtseinheit. So wird im ersten Para-

Zu den Mitgliedern der ersten Deputation des Deutschen Juristentages zählten einige der bekanntesten Juristen ihrer Zeit, darunter die Professoren Rudolf von Ihering, Johann Caspar Bluntschli und Carl Georg von Wächter.

graphen seiner Satzung als Zweck des Deutschen Juristentages angegeben: „Eine Vereinigung für den lebendigen Meinungsaustausch und den persönlichen Verkehr unter den Deutschen Juristen zu bilden, auf den Gebieten des Privatrechts, des Prozesses und des Strafrechts den Forderungen nach einheitlicher Entwickelung immer größere Anerkennung zu verschaffen, die Hindernisse, welche dieser Entwickelung entgegenstehen, zu bezeichnen und sich über Vorschläge zu verständigen, welche geeignet sind, die Rechtseinheit zu fördern."

Doch der Weg dorthin war weit; viel Arbeit lag vor den Juristen. Denn nur wenige der zahlreichen Einzelstaaten und der vier freien Städte des Deutschen Bundes teilten das gleiche Recht. Eine Vielzahl unterschiedlicher Rechtsauffassungen, Gesetzeswerke, Gerichts- und Verfahrenspraktiken prägten den deutschen Rechtsalltag. Allein das gerichtliche Verfahren wurde durch mehr als 30 verschiedene Prozessordnungen geprägt. Auf Bundesebene geregelt war allein das Wechselrecht durch die Allgemeine Deutsche Wechselordnung. Ein Entwurf für ein einheitliches Handelsrecht stand kurz vor der Verabschiedung. Carl Georg von Wächter, der in Berlin 1860 zum ersten Präsidenten des Deutschen Juristentages gewählt und in diesem Amt viermal bestätigt wurde, hatte daher nicht Unrecht, wenn er im Hinblick auf die Errichtung des Deutschen Juristentages und seiner Ziele von einem „kühnen Gedanken" sprach.

Vor großen Aufgaben

Der Juristentag hatte sich ein ambitioniertes Programm gegeben. Nachdem der von der Juristischen Gesellschaft erstellte Satzungsentwurf ohne große Änderungen angenommen worden war, begannen die inhaltlichen Debatten. Zahlreiche Anträge waren eingegangen, die nun im Plenum oder in den vier Fachabteilungen für „Privatrecht, insbesondere Obligationen- und Pfandrecht", „Handels-, Wechsel-, See- und internationales Recht", „Strafrecht, Strafprozeß und Gefängniswesen" sowie „Gerichtsverfassung, Civilprozeß und juristisches Studium" diskutiert wurden. Sie tagten parallel, berichteten anschließend dem Plenum und stellten dort die Anträge erneut zur Diskussion.

Am Ende hatte die Versammlung zahlreiche Beschlüsse gefasst. So sprach sie sich für ein allgemeines Deutsches Strafgesetzbuch aus, befürwortete eine gemeinsame Eidesformel und forderte von den Regierungen regelmäßige Berichte über den Zustand der Gefängnisse und den Erfolg der Strafvollstreckung. Die versammelten Juristen plädierten zudem für die Einführung einer allgemeinen Deutschen Zivilprozessordnung, „gebaut auf die Prinzipien der Oeffentlichkeit und Mündlichkeit" – zur damaligen Zeit keineswegs selbstverständlich, fanden die Verfahren doch zumeist auf Basis rein schriftlicher Eingaben und unter Ausschluss der Öffentlichkeit statt. Auf Antrag von Friedrich Wilhelm Bornemann, zweiter Präsident des Königlichen Obertribunals in Preußen, befürwortete der Juristentag weiterhin die Errichtung eines höchsten Gerichtshofs, da nur ein solcher die Einheit in der Rechtsanwendung garantieren könne.

Darüber hinaus sprachen sich die Teilnehmer des Juristentages für ein gemeinsames Deutsches Zivilrecht aus. Angesichts der Dimension dieser Aufgabe wollten sie sich allerdings zunächst auf das beschränken, „was am meisten Noth thut", nämlich ein gemeinsames Recht der Schuldverhältnisse, das sogenannte Obligationenrecht. „Wir haben ein gemeinsames Wechselrecht, wir sollen ein gemeinsames Handelsgesetzbuch bekommen, also einen Torso eines Obligationenrechts", fasste der Tagungspräsident Carl Georg von Wächter die Diskussion zusammen und fuhr fort: „Es ist vor allen Dingen nothwendig, diesen Torso durch die Codifikation des ganzen Obligationenrechts wenigstens annähernd zu einem Ganzen zu machen, also Ein Obligationenrecht für ganz Deutschland zu veranlassen."

Die Versammlung endete mit der Wahl der aus 14 Mitgliedern sowie dem amtierenden Präsidenten bestehenden Ständigen Deputation. Diese fungiert bis heute als geschäftsführendes Organ des Juristentages, bereitet seine nächste Tagung vor, legt nach Vorschlägen der Mitglieder Themen fest und gibt entsprechende Gutachten in Auftrag.

Funktion und Aufbau des Deutschen Juristentages

Trotz mancher Änderungen haben sich Organisation und Struktur des Deutschen Juristentages in ihren Grundzügen bis heute erhalten. Festgelegt wurden sie schon in der ersten „vorläufigen Ordnung", die – verfasst von den Mitgliedern der Berliner Juristischen Gesellschaft – mit wenigen Änderungen auf dem Ersten Deutschen Juristentag 1860 in Berlin als Satzung verabschiedet wurde. Der Deutsche Juristentag war von Beginn an als eine Tagung an wechselnden Orten konzipiert, die zuerst jährlich, später dann alle zwei Jahre zusammentraf. Die Ständige Deputation, die am Ende jedes Juristentages gewählt wurde, übernahm durch Auswahl des Tagungsortes und der zu behandelnden Themen die Vorbereitung der nächsten Tagung. Die laufenden Geschäfte erledigte eine Kommission, später geschäftsführender Ausschuss genannt, die sich um das Schriftführer- und Kassenführeramt herausbildete.

Für die Organisation vor Ort, insbesondere die Auswahl von Veranstaltungsräumen und Übernachtungsmöglichkeiten wie auch die Konzeption des Rahmenprogramms, waren Lokalkomitees verantwortlich, die sich aus ortsansässigen Juristen zusammensetzten. Die wechselnden Orte des Juristentages spiegelten sich auch in der Ständigen Deputation wider. So gehörten ihr in der Regel Juristen aus dem Ort der nächsten Tagung an, häufig stellten die Lokalkomitees den Vorsitzenden der Ständigen Deputation. Die Mitgliederanzahl dieses zentralen Gremiums wurde über die Jahre von 14 auf 24 erhöht, hinzu kam der Präsident der letzten Tagung als Ehrenpräsident. Die Mitglieder der Ständigen Deputation wurden in den ersten Jahren direkt vom Plenum gewählt, später mittelbar über Vertrauensleute.

Teilnehmen am deutschen Juristentag konnten nach der Satzung von 1860 alle deutschen Richter, Staatsanwälte, Advokaten und Notare, die „Aspiranten" des Richteramtes, der Anwaltschaft und des Notariats sowie

Lehrer an deutschen Hochschulen, Mitglieder gelehrter Akademien, Doktoren der Rechte und rechtsgelehrte Mitglieder der Verwaltungsbehörden. Mit „deutsch" waren damals – elf Jahre vor der Gründung eines deutschen Nationalstaats – auch die Österreicher gemeint.

Programm

für

den Ersten Deutschen Juristentag.

Montag, den 27. August.

Abends 7 Uhr im Odeum (Thiergartenstr. Nr. 22): Gesellschaftliche Zusammenkunft zur gegenseitigen Begrüßung. (Bewirthung durch die Juristische Gesellschaft.)

Dienstag, den 28. August.

Vormittags 1/2 9 – 11 Uhr in der Singakademie: Plenar-Versammlung.

Vorläufige Tagesordnung:

1. Ordnung für den Deutschen Juristentag (Nr. 1 der Drucksachen).
2. Wahl des Präsidenten.
3. Antrag des Obergerichtsraths Baehr in Kassel (Nr. 2 der Drucksachen).

Event.:

4. Wahl der Referenten in Gemäßheit des §. 3 des Baehr'schen Antrages.

Programm des Ersten Deutschen Juristentages, der vom 27. bis zum 30. August 1860 in Berlin stattfand.

„Sprechen wir Grundsätze aus als freie Männer"

Der Deutsche Juristentag formulierte seine Entscheidungen stets als Empfehlungen. Diese Zurückhaltung war nicht selbstverständlich. Auf dem Ersten Deutschen Juristentag wurde noch intensiv über die Rolle der Versammlung im Spannungsfeld zwischen staatlicher Gesetzgebungskompetenz und Öffentlichkeit diskutiert. Anträgen, der Juristentag selbst solle Gesetzesentwürfe verfassen oder auf dem Wege von Petitionen und Gesuchen direkten Einfluss auf die Regierungen nehmen, erteilte die Mehrheit der Versammlungsteilnehmer jedoch eine klare Absage.

Rechtsanwalt Block aus Burg gab die allgemeine Stimmung wieder, als er unter Bravorufen aussprach: „Der Juristentag ist zusammengetreten, folgend dem Gefühle der Zusammengehörigkeit der Berufsgenossen, dem Gefühle der Zusammengehörigkeit aller Deutschen Juristen. Er vertritt die öffentliche Meinung der Sachverständigen. Was er beschließt, soll hinaushallen, hinaustönen zu allen Deutschen Regierungen und zu allen Deutschen Kammern. Er verliert aber seine Stellung, wenn er sich petitionsweise an die einzelnen Regierungen wendet. Entweder wird er abhängig oder er kommt in Opposition. Beides ist keine richtige Stellung. Sprechen wir Grundsätze aus als freie Männer, wie die Regierungen sie erwarten und wie sie ausführbar sind."

In Blocks Ausführungen kommt viel von dem Selbstverständnis zum Ausdruck, das den Juristentag seit seiner ersten Tagung prägt. Bis heute beruht seine Autorität auf dem gebündelten Sachverstand der Tagungsteilnehmer. Dabei ermöglicht gerade die Zusammenführung von Theoretikern und Praktikern verschiedener Prozessparteien sowie von Staatsbeamten und freien Berufen eine komplexe Betrachtung der jeweiligen juristischen Sachverhalte. Bar jeder institutionellen Verankerung im legislativen System ist es allein sein „moralisches Gewicht", das die Wirkung des Juristentages ausmacht. Carl Georg von Wächter sprach in diesem Sinn von drei Mächten, die dem Juristentag zur Seite stünden: öffentliche Meinung, Wahrheit und sittliche Notwendigkeit.

Der Ruf wird gehört

In der Tat entfaltete der Juristentag Wirkung. In Berlin hatte er ein gemeinsames deutsches Strafrecht, eine einheitliche Regelung des Zivilprozesses sowie ein gemeinschaftliches Obligationenrecht gefordert. Schon auf dem Zweiten Deutschen Juristentag 1861 in Dresden konnte der aus der Schweiz stammende und in Heidelberg lehrende Rechtswissenschaftler Johann Caspar Bluntschli, der für den verhinderten Carl Georg von Wächter die Präsidentschaft übernommen hatte, verkünden, „daß vor der Hand wenigstens zwei dieser großen Werke nicht blos von der öffentlichen Meinung, sondern, worauf es in der That wesentlich ankommt, auch von den deutschen Regierungen gebilligt worden sind, nämlich die Bearbeitung einer allgemeinen Civilprozeßordnung und eines gemeinsamen Obligationenrechts".

Im Februar 1861 hatte Preußen eine Kommission zur Revision seines Zivil- und Strafprozessrechts eingerichtet, um auf diesen Gebieten die Gesetzgebung zu vereinheitlichen. Die preußische Initiative regte auch auf Bundesebene die Diskussion über eine einheitliche Zivilprozessordnung an, für die sich die Mehrheit der deutschen Staaten aussprach. Gleichzeitig wurden Rufe nach einem gemeinsamen Obligationenrecht laut. Die Meinungen, wie beide Gesetzesvorhaben zu verwirklichen seien, gingen jedoch auseinander. Während Preußen als stärkster Staat auf freie Vereinbarung und Abstimmung unter den Regierungen setzte, forderten die übrigen deutschen Staaten die Vermittlung des Bundestages, der wie schon beim Wechsel- und Handelsrecht durch die Einsetzung unabhängiger Kommissionen die Gesetzeswerke vorbereiten sollte.

Für den politisch neutralen Juristentag war diese Situation heikel, wollte er doch für keine Seite offiziell Partei ergreifen. Die Ständige Deputation löste das Problem souverän: Die von ihr entworfene Resolution wertete die Differenzen als bloß formale Meinungsverschiedenheiten, die für das Zustandekommen einer gemeinsamen deutschen Gesetzgebung unerheblich seien. Die Teilnehmer des Zweiten Deutschen Juristentages nahmen sie mit großer Mehrheit an und ermutigten die Regierungen, auf dem bislang beschrittenen Weg fortzufahren. Der Dank des Vaterlandes sei ihnen sicher. Brisant war vor allem der dritte Teil der Resolution: Für die geplanten Gesetzesvorhaben wurde die Mitwirkung einer „von Regierungen und Kammern der Einzelstaaten anerkannten [...] festgesetzten Einrichtung" angeregt – gemeint war eine gesamtdeutsche Volksvertretung. Auch wenn man ihre Zustimmung voraussetzte, so war damit gegenüber den Fürsten die Souveränitätsfrage gestellt.

Zwar blieb ein gesamtdeutsches Parlament vorerst ein Wunschtraum, dennoch verfestigte sich angesichts der weiteren Ereignisse für den Juristentag der Eindruck, die Dinge seien in Bewegung geraten. Noch 1861 wurde nach langen Beratungen des Bundestages das Allgemeine Deutsche Handelsrecht verabschiedet und in den nächsten Jahren von den Einzelstaaten umgesetzt. Anfang 1862 errichtete der Bundestag zwei Kommissionen: die „Hannover Kommission" zur Erarbeitung eines Entwurfs für eine allgemeine deutsche Zivilprozessordnung und die „Dresdener Kommission", die für den Entwurf eines deutschen Obligationenrechts zuständig war.

Preußisch-Österreichischer Dualismus

Preußen allerdings verfolgte mit einer eigenen Kommission zur Zivilprozessordnung weiter seinen Sonderweg. Dieser wurde aus Sicht des Juristentages dadurch abgemildert, dass Friedrich Wilhelm Bornemann an der Spitze dieser Kommission stand; Bornemann war engagiertes Mitglied des Juristentages und 1861 Vorsitzender der Ständigen Deputation. Dass zu seinem Gegenpart als Leiter der Bundeskommission für den Entwurf einer Zivilprozessordnung ausgerechnet der Österreicher Franz Theobald von Rizy ernannt wurde – ebenfalls aktives Mitglied des Juristentages und 1862 Vorsitzender der Ständigen Deputation –, war sicherlich kein Zufall, sondern sprach für die Bedeutung, die sich diese Institution bereits nach zwei Jahren erworben hatte.

Die preußische Gesetzeskommission war Ausdruck des preußisch-österreichischen Dualismus. Preußen war zudem nicht gewillt, sich bundespolitischen Initiativen unterzuordnen. Besonders die Ernennung Otto von Bismarcks zum preußischen Ministerpräsidenten und Außenminister im Herbst 1862 verdeutlichte dies, galt Bismarck doch als konservativer Hardliner und Vertreter des alten, dynastisch orientierten Feudalsystems.

Durch den von ihm heraufbeschworenen Verfassungskonflikt endete in Preußen zugleich die liberale „Neue Ära". Österreich versuchte nun, in der deutschen Frage Boden gutzumachen, etwa indem es 1862/63 den Entwurf zur Errichtung eines Bundesgerichts einbrachte und 1863 auf dem Frankfurter Fürstentag zur Reform des Deutschen Bundes einlud, der von Preußen jedoch boykottiert wurde. Eine einvernehmliche Lösung der deutschen Frage unter Einschluss Preußens und Österreichs war kaum noch realistisch.

Einheit und Freiheit: Die Juristentage 1861 bis 1864

Die Versammlungen des Juristentages waren indes weiter von nationaler Aufbruchsstimmung geprägt. Die Mitgliederzahlen stiegen und erreichten auf dem Dritten Juristentag, der 1862 unter der Präsidentschaft Carl Georg von Wächters glanzvoll in Wien abgehalten wurde, mit rund 1.500 Teilnehmern bei etwa 2.000 registrierten Mitgliedern ihren vorläufigen Höhepunkt. Der Wiener Juristentag mit seinem opulenten Rahmenprogramm blieb vielen gerade aufgrund seines „deutschen Bekenntnisses" in lebhafter Erinnerung. 1863 traf sich der Juristentag unter der Präsidentschaft Carl Georg von Wächters in Mainz. Ein Jahr später lud Braunschweig ein. Auf jedem Juristentag stand die Frage der deutschen Rechtseinheit im Zentrum, ab 1862 wurde auf den Tagungen regelmäßig über Fortschritte im Hinblick auf eine gemeinsame Gesetzgebung berichtet.

Darüber hinaus sprach sich der Juristentag für eine einheitliche gesetzliche Regelung zahlreicher Rechtsfragen aus. So forderte er den Schutz von Patent- und Urheberrechten, befürwortete gemeinsame Gesetze für das Hypotheken- und Versicherungswesen; er empfahl den Entwurf einer Anwaltsordnung und eines Notariatsrechts, ein einheitliches Alter für den Eintritt in die Großjährigkeit und diskutierte über Grundsatzfragen des juristischen Studiums wie der Gerichtsverfassung und des Prozesswesens.

Zu den lebhaftesten Debatten zählten allgemeine Rechtsfragen, bei denen sich der Juristentag als liberaler Vorkämpfer erwies. Zwar sah er sich selbst als wissenschaftlich-moralische, unpolitische Instanz, scheute sich jedoch nicht, politisch brisante Fragen zu thematisieren. So sprach er sich in Mainz 1863 mit großer Mehrheit für die Abschaffung der Todesstrafe

Mitglieder und Gäste des Deutschen Juristentages besuchen die Bibliothek zu Wolfenbüttel im August 1864.

aus, die nur im Kriegsfall oder bei Meuterei beibehalten werden sollte. Auf den Juristentagen in Wien und Mainz wurde darüber hinaus intensiv über Rechtssicherheit und Schutz vor staatlicher Willkür diskutiert. Die Frage lautete: Muss ein Richter prüfen, ob ein Gesetz oder eine Verordnung verfassungsmäßig zustande gekommen ist? Rudolf von Gneist erstellte eines der Gutachten. Die Versammlung folgte ihm weitgehend wie auch den Anträgen Carl Georg von Wächters, der als Referent zu diesem Thema auftrat. Im Ergebnis wurde die Frage voll bejaht. Gneist brachte die allgemeine Stimmung auf den Punkt, indem er laut Protokoll unter stürmischem, anhaltendem Beifall ausführte, dass „ein Bedürfnis dazu scheint, die Deutschen Regierungen daran zu erinnern, daß die Gerichte und nicht ihre Minister dazu berufen sind zu bestimmen, was Recht oder Unrecht in ihren Staaten ist".

Die Erfahrung nach den ersten Juristentagen brachte kleinere Satzungsänderungen mit sich. Schon auf dem Zweiten Deutschen Juristentag in Dresden wurde die Anzahl der Deputationsmitglieder von 14 auf 19 erhöht. Statt sieben sollten nun mindestens drei am Tagungsort des letzten Juristentages und mindestens zwölf auswärts wohnen. 1862 wurde das Statut hinsichtlich der Beschlussfassung geändert: Das Plenum sollte zwar weiterhin über die Beschlüsse der Abteilungen informiert werden, selbst aber künftig nur noch zu allgemeineren Fragen Stellung nehmen. Zudem entschied die Versammlung 1864 den Juristentag nicht regelmäßig jedes Jahr einzuberufen, sondern gegebenenfalls auch um ein Jahr zu vertagen.

Juristentag in der Krise

Tatsächlich sollte es drei Jahre dauern, bis der Juristentag erneut stattfand. 1865 fiel er auf Wunsch der Ständigen Deputation aus, ein Jahr später verhinderte der Deutsche Krieg zwischen Preußen und Österreich sein Zustandekommen. Anlass des Krieges war ein Streit um die Herzogtümer Schleswig und Holstein. 1864 hatte Preußen von Dänemark die Abtretung der beiden Herzogtümer mit Waffengewalt erzwungen, wobei Holstein von Österreich und Schleswig von Preußen verwaltet werden sollte. Bismarck, dem es um die Vorherrschaft von Preußen in Deutschland ging, wollte jedoch beide Herzogtümer in preußischen Besitz bringen. Im Juni 1866 schickte er Truppen nach Holstein, woraufhin Österreich den Deutschen Bund um Hilfe bat. Obgleich die größeren Bundesländer – darunter alle süddeutschen Staaten – Österreich unterstützten, endete der Krieg mit einem klaren Sieg der preußischen Armee über die Österreicher. Damit war der Weg frei für eine Neuordnung Deutschlands ohne österreichische Beteiligung: Österreich musste der Auflösung des Deutschen Bundes und den Territorialgewinnen Preußens, darunter Schleswig-Holstein, Hannover, Kurhessen, Nassau und die Freie Stadt Frankfurt am Main, zustimmen.

Preußen errichtete nun den Norddeutschen Bund, dem alle Staaten nördlich der Mainlinie beitraten. Nicht dazu gehörten die süddeutschen Staaten und Österreich. In Verfassung und Ausgestaltung nahm der Norddeutsche Bund das Deutsche Reich vorweg. Bismarck selbst entwarf den Verfassungstext und führte als Zugeständnis an die Nationalbewegung den Reichstag als Parlament sowie ein allgemeines Wahlrecht statt des bisherigen preußischen Dreiklassenwahlrechts ein. Dabei blieben die parlamentarischen Rechte beschränkt, weil Wahl, Kontrolle und Absetzung der Reichsregierung nicht vorgesehen waren. Diese bestand aus dem preußischen König sowie einem Bundesrat mit Delegierten der Mitgliedsstaaten, wobei Preußen die meisten Mitglieder stellte. Vorsitzender des Bundesrates war der Bundeskanzler, dessen Amt Bismarck zusätzlich zu seinen Aufgaben als preußischer Ministerpräsident und Außenminister übernahm.

Die Neuordnung spaltete die öffentliche Meinung. In Österreich und bei allen großdeutsch Gesinnten herrschten Resignation und Bitterkeit, in Preußen dominierte Hochstimmung. Doch selbst hier stellte sich die Frage, wie eine künftige Anbindung der süddeutschen Staaten an den Norddeutschen Bund gelingen könnte. Denn die meisten sahen im Norddeutschen Bund nur ein Zwischenstadium auf dem Weg zur Reichseinheit.

Auch der Juristentag war entzweit. Durch die Politik Preußens schien sein Ziel, die deutsche Rechtseinheit, in weite Ferne gerückt. Hatte der Juristentag damit seinen Sinn verloren? Karl Christian Eduard Hiersemenzel, Mitglied und Schriftführer der Ständigen Deputation, gab die radikalste Antwort auf diese Frage. Als er 1866 im Namen der Ständigen Deputation einen Registerband zu den ersten fünf Juristentagen herausgab, rief er im Vorwort zur Auflösung der Vereinigung auf.

Hiersemenzel hatte allerdings ohne Zustimmung der Ständigen Deputation gehandelt, die sich vehement für den Fortbestand des Juristentages aussprach: „Der Gedanke, welcher uns zusammengeführt, hat durch die Erschütterungen des letzten Jahres nichts an seinem Werthe und seiner Bedeutung verloren", hieß es 1867 in der Deutschen Gerichtszeitung, dem Organ des Juristentages, „er hat noch immer dieselbe Berechtigung. In diesem Sinne haben wir einstimmig beschlossen die Versammlung des Juristentages auf den 26. bis 29. August d. J. nach München zu berufen."

„Unser Deutsches Gesammtvaterland"

Der Tagungsort München besaß Signalcharakter. Zwar hatten Vertreter der bayerischen Regierung schon 1864 den nächsten Juristentag dorthin eingeladen. Aber im zeitgeschichtlichen Kontext wirkte die Wahl der süddeutschen Metropole wie ein bewusst gesetztes Fanal der Einheit, dem allerdings nicht alle folgten: Von den rund 620 Tagungsmitgliedern kamen fast drei Viertel aus Süddeutschland und Österreich, die norddeutschen Juristen machten sich hingegen rar. Missfallen erregte vor allem die geringe Präsenz der preußischen Juristen. So waren von den über 600 eingetragenen preußischen Mitgliedern nur 62 nach München gereist, von den preußischen Deputationsmitgliedern erschien sogar nur Gneist. Doch auch im Süden war man nicht ohne Vorbehalte. Selbst Johann Caspar Bluntschli, ein engagierter Verfechter der Juristentagsidee, zeigte sich ernüchtert: „Ich hatte im Ganzen den Eindruck, dass der Verein durch die grosse Umgestaltung von Deutschland seine nationale Bedeutung verloren habe", schrieb er. „Die grossen Fragen sind nun erledigt, für Detailfragen taugen grosse Versammlungen nichts."

Trotzdem schaffte es der Juristentag, in München einen neuen Ton zu finden. Carl Georg von Wächter, Präsident der Münchner Tagung, führte aus: „Es sind Ereignisse eingetreten in der verhältnißmäßig kleinen Spanne Zeit zwischen dem letzten Zusammentritt des Juristentages und dem heutigen, die in unserem Deutschland die gewaltigsten Aenderungen hervorgerufen haben, Aenderungen von den weitgreifendsten Folgen für alle unsere Verhältnisse. Hier ist nicht der Ort, näher auf diesen Punkt einzugehen. Aber darauf darf ich, Meine Herren, wie sehr auch die Ansichten über die Bedeutung jener Ereignisse und ihrer Folgen auseinandergehen mögen, [...] wohl fest bauen, daß uns in diesen Saal die Gesinnung der Treue gegen unser Deutsches Gesammtvaterland zusammengeführt hat, (Bravo!) daß in diesem Saale nur eine Stimme darüber herrschen wird, daß wir an dem Gemeinsamen und Einigendem, was unser Deutschland sich noch erhalten hat, festhalten, dasselbe weiter zu bilden und möglichst zu befestigen suchen sollen." Wächter hob das Einigende des Juristentages hervor und hatte damit den Riss gekittet.

Erfolge liberaler Rechtspolitik

München war der letzte Juristentag, auf dem der inzwischen fast 70-jährige Wächter präsidierte. Ein Jahr später wählten die Mitglieder in Hamburg den preußischen Staatsrechtler Rudolf von Gneist zu ihrem Präsidenten. 1869 übernahm Bluntschli in Heidelberg den Vorsitz. Es

Carl Georg von Wächter (1797–1880)

Zu Beginn des Ersten Juristentages 1860 in Berlin wählten die Teilnehmer Carl Georg von Wächter per Akklamation und Bravo-Rufen zu ihrem Präsidenten. Auch auf den nächsten Juristentagen wurde Wächter immer wieder in dieser Funktion bestätigt. Insgesamt übernahm er zwischen 1860 und 1867 fünfmal den Vorsitz der Tagungen und hat den Juristentag in seinen Anfängen entscheidend geprägt. Die Verbindung zwischen dem stets „mit stürmischem Beifall" begrüßten Präsidenten und den versammelten Juristen war so groß, dass noch Jahre nach seinem Fernbleiben sich seine Nachfolger nur stellvertretend für Wächter gewählt sahen.

Der 1797 in Marbach geborene Wächter zählte zu den bekanntesten Juristen seiner Zeit. Er studierte Jura in Tübingen und wurde dort 1822 zum ordentlichen Professor ernannt. 1834 ging er als Dozent für Strafrecht nach Leipzig, kehrte jedoch 1837 nach Tübingen als Kanzler der Universität und außerordentlicher Regierungsbevollmächtigter zurück. Vielseitig ausgerichtet, lehrte er sowohl Zivil- als auch Strafrecht. Seine wissenschaftlichen Werke, in denen er auch für eine gesamtdeutsche Gesetzgebung eintrat, machten ihn weit über die württembergischen Landesgrenzen hinaus bekannt.

Für das Präsidium der Juristentage qualifizierte ihn zudem seine parlamentarische Tätigkeit. Als Kanzler vertrat er die Tübinger Universität in der Stuttgarter Abgeordnetenkammer, wobei sich Wächter schnell als großes parlamentarisches Talent erwies. Schon 1839, mit 41 Jahren, wurde er zum Präsidenten der Abgeordnetenkammer gewählt und übte dieses Amt zwölf Jahre lang aus. 1852 wechselte er erneut an die Universität Leipzig und wurde dort 1855 Mitglied des Staatsgerichtshofs und 1859 Rektor der Universität und Ehrenbürger der Stadt. 1869 in den Adelsstand erhoben, starb er 1880 in Leipzig.

Wächter galt vielen als der „geborene Präsident". Seine Fragestellungen und Zusammenfassungen wurden gerühmt; energisch, aber doch liebenswürdig und humorvoll leitete er auch die Sitzungen des Juristentages. Deren effizienter und disziplinierter Ablauf, die offene Diskussionskultur und das hohe Niveau der Redebeiträge ebenso wie der häufig hervorgehobene parlamentarische Charakter der Tagungen gehen wesentlich auf den Einfluss Wächters zurück.

waren arbeitsreiche Veranstaltungen, auf denen die liberale Grundeinstellung des Juristentages deutlich hervortrat: Er verwarf die sogenannten Wuchergesetze, die nach seiner Überzeugung durch Zinsbindung die Dispositionsfreiheit der Vertragspartner einschränkten, sprach sich für eine gemeinsame deutsche Konkursordnung aus und forderte die Beseitigung der staatlichen Genehmigung bei der Gründung von Aktiengesellschaften. Ferner plädierte er für eine freie Advokatur, die Freizügigkeit der Rechtsanwälte und die Handhabung der Disziplin durch Anwaltskammern. Darüber hinaus setzte er sich für die Zivilehe ein, forderte eine Reform der Militärgerichtsbarkeit und befürwortete eine staatliche Haftung, falls Beamte durch Verletzung ihrer Dienstpflicht Dritten Schaden zufügten.

Währenddessen entfaltete der Norddeutsche Bund eine rege Betriebsamkeit. Innerhalb kürzester Zeit verabschiedete der Reichstag zahlreiche Reform-Gesetzgebungen. Die Freizügigkeit wurde gesetzlich verankert, alle vorhandenen Hemmnisse beim Aufenthalts- und Niederlassungsrecht, beim Erwerb von Grundeigentum und der Eröffnung eines Betriebes sowie bei Eheschließungen und Haushaltsgründungen wurden beseitigt. 1869 folgte eine liberale Gewerbeordnung, im selben

Jahr das Allgemeine Deutsche Handelsgesetzbuch, das Preußen bislang noch nicht umgesetzt hatte. Viele der verabschiedeten Einzelgesetze waren vom Juristentag empfohlen worden. Ebenfalls aufgrund seines Vorschlags erhielt Leipzig ein Oberhandelsgericht und nach nur zweijähriger Beratung trat im Mai 1870 ein Strafgesetzbuch für den Norddeutschen Bund in Kraft. Zudem war eine Zivilprozessordnung in Vorbereitung.

Der Juristentag trat jedoch nicht nur als Ideengeber auf, sondern war auch als legislativer Berater in das Reformwerk einbezogen. Bismarck selbst wandte sich mit der Bitte an ihn, den Strafrechts-Entwurf zu prüfen. Zu den angekündigten Prozessordnungen sollte sich der Juristentag ebenfalls äußern. In der Tat ließ die Ständige Deputation für den auf das Jahr 1870 nach Stuttgart einberufenen Juristentag mehrere Gutachten über das norddeutsche Strafgesetzbuch und eine norddeutsche Zivilprozessordnung erstellen. Doch wieder wurde der Juristentag von den Ereignissen überrollt. Während der Vorbereitungen der Stuttgarter Tagung zogen deutsche Truppen gegen Frankreich in den Krieg. Der Neunte Deutsche Juristentag musste verschoben werden.

Die Reichsgründung 1871

Bismarck hatte den Krieg zwischen Deutschland und Frankreich bewusst heraufbeschworen. Diesmal allerdings kämpften Nord- und Süddeutsche Seite an Seite gegen den gemeinsamen „Erbfeind". Der triumphale Sieg über die französischen Truppen ebnete den Weg zur Reichsgründung. Wilhelm I. wurde im Spiegelsaal von Versailles zum Deutschen Kaiser ausgerufen, ganz Deutschland feierte im nationalen Siegestaumel. Rechtlich vollzog sich die Gründung des Deutschen Reiches über den Beitritt der süddeutschen Staaten zum Norddeutschen Bund, dessen Verfassung übernommen wurde, ebenso wie die bereits erlassenen Gesetze, darunter das Norddeutsche Strafgesetzbuch. Immer noch nicht geregelt waren hingegen die Prozessordnungen und das Bürgerliche Recht.

Der Juristentag befand sich, als er mit einjähriger Verspätung im August 1871 in Stuttgart zusammentrat, in euphorischer Stimmung. Hatte er den Norddeutschen Bund noch mit Skepsis betrachtet, so gab es zur Reichsgründung keine kritischen Stimmen mehr. Obwohl das Deutsche Reich mit „Blut und Eisen" errungen war, sah Gneist im endlich realisierten Nationalstaat einen Sieg des Rechts und der Partizipation des Volkes und räumte dem Juristentag einen bescheidenen Anteil an diesem Erfolg ein. Für die Zukunft aber rechnete er damit, dass angesichts des neuen gesamtdeutschen Parlaments der Einfluss des Juristentages abnehmen werde. Dabei handle es sich allerdings nur um eine „Formfrage", denn der Juristentag gäbe seinen Einfluss nur an eine andere Stelle ab, die ein vollberechtigterer und mächtigerer Vertreter der volkstümlichen Rechtsanschauung sei. Das Werk der deutschen Staatseinheit und der Rechtseinheit sei unter allen Umständen gesichert.

Die Juristentage der Gründerjahre

War der Neunte Deutsche Juristentag von 1871 von der Euphorie über die Reichsgründung geprägt, so ging er in den folgenden Jahren in Frankfurt am Main (1872), Hannover (1873) Nürnberg (1875) und Salzburg (1876) wieder routiniert seiner Arbeit nach. Die Reichsgründung hatte am Aufgabenspektrum nur wenig geändert. Zwar war die staatliche Einheit verwirklicht, die Rechtseinheit aber erst in Ansätzen. So verwarf der Juristentag 1872 das Erfordernis der Schriftform für Verträge, da Mündlichkeit der deutschen Sitte entspräche. Ein Jahr später forderte er gleichmäßige Vorschriften über die Ausbildung der deutschen Richter, Anwälte und Staatsanwälte und eine Angleichung des kaufmännischen und zivilen Doppelrechts im Mobiliarverkehr zugunsten der handelsrechtlichen Grundsätze. In Nürnberg 1875 schließlich zeigte sich der Juristentag erneut als Wegbereiter liberaler Rechtsstaatlichkeit, indem er für die Einführung einer unabhängigen Verwaltungsgerichtsbarkeit im Deutschen Reich plädierte. Außerdem verhandelte er über eine einheitliche Form des ehelichen Güterrechts. Dieses Thema beschäftigte auch den nächsten Juristentag, auf dem auch erbrechtliche Fragen eine Rolle spielten.

Über diese grundsätzlichen Empfehlungen hinaus reagierte der Juristentag auf aktuelle rechtliche Probleme. So hatte der Gründerboom eine Vielzahl von Aktiengesellschaften hervorgebracht, von denen zahlreiche in

Der deutsche Juristentag zu Stuttgart. (S. 126.)

Im Freudentaumel: Auf dem Neunten Deutschen Juristentag in Stuttgart im August 1871 feierten die Teilnehmer die Reichsgründung. Zum Rahmenprogramm zählte ein Besuch der Burg Hohenzollern (oben), unten der Stuttgarter Schlossplatz mit Springbrunnen.

der 1873 einsetzenden Wirtschaftskrise in Konkurs gingen. Vielfach spielten dabei betrügerische Machenschaften eine Rolle, die besonders Kleinaktionäre schädigten. Hier schlug der Juristentag, der sich noch 1869 für eine weitgehend freie Gründung von Aktiengesellschaften eingesetzt hatte, mehrere Änderungen des Handelsgesetzbuches vor, die derartige Vorkommnisse in Zukunft verhindern sollten.

Die Reichsjustizgesetze

Gneist hatte 1871 eine schwindende Bedeutung des Juristentages vorausgesagt, da mit dem Reichstag eine gewählte legislative Körperschaft für ganz Deutschland entstanden war. Faktisch aber verringerte der Reichstag nicht die Arbeit des Juristentages, sondern erweiterte sie vielmehr dahingehend, dass er nun an der parlamentarischen Arbeit zu den großen Gesetzesentwürfen Anteil nahm, sie begleitete und durch seine Beschlüsse zu beeinflussen suchte.

Neben der Zivil- und Strafprozessordnung betraf dies vor allem die Gerichtsverfassung, die sogenannten Justizgesetze. Schon 1869 hatte der Juristentag den „Entwurf einer Prozeßordnung in bürgerlichen Rechtsstreitigkeiten für den Norddeutschen Bund" begutachten lassen. Die Reichsgründung machte die Vorarbeiten obsolet, da die süddeutschen Staaten den Entwurf des Norddeutschen Bundes nicht akzeptierten und er daher auf Reichsebene neu ausgearbeitet werden musste. Das neue Konzept wurde 1871 auf der Basis von vier von der Ständigen Deputation formulierten Anträgen beraten. Auf den nächsten Juristentagen standen dann Einzelfragen im Vordergrund: die Aufgabengebiete eines künftigen Reichsgerichts, die Alternative von Schöffen- oder Schwurgericht im Strafprozess, die Öffentlichkeit gerichtlicher Voruntersuchungen und das Institut der Privatklage subsidiär zur Klage des Staatsanwalts. Auf dem 13. Deutschen Juristentag 1876 diskutierten die Teilnehmer dann abschließend auf der Grundlage eigener Gutachten über den „Entwurf eines deutschen Gerichtsverfassungsgesetzes" und den „Entwurf einer deutschen Strafprozessordnung".

Die Reichsjustizgesetze, 1877 verabschiedet, traten schließlich am 1. Oktober 1879 in Kraft. Zugleich erlangte die Rechtsanwaltsordnung

Rudolf von Gneist (1816–1895)

Geboren 1816 in Berlin, schloss Gneist 1838 sein Jurastudium an der dortigen Universität mit der Promotion ab. Ein Jahr später, mit nur 23 Jahren, war er bereits habilitiert. Erst als Privatdozent, dann als außerordentlicher und seit 1858 als ordentlicher Professor blieb er der Berliner Universität sein Leben lang treu. 1872/73 war er ihr Rektor. Darüber hinaus wurde er fünfmal zum Dekan der juristischen Fakultät gewählt. Als Jurist war Gneist sowohl im Straf- als auch im Zivil- und Prozessrecht zu Hause. Der Schwerpunkt seiner wissenschaftlichen Tätigkeit und seiner zahlreichen Veröffentlichungen lag aber im öffentlichen Recht. Zu seinen Kernthemen zählten Selbstverwaltung und Rechtsstaatlichkeit, zu der für ihn zwingend die rechtliche Normierung von Verwaltungshandeln und eine selbstständige Verwaltungsgerichtsbarkeit gehörten. So gilt Gneist als einer der Begründer des modernen Verwaltungsrechts.

Seine Überzeugungen verfocht Gneist auch politisch: in der Berliner Stadtverordnetenversammlung, im preußischen Abgeordnetenhaus und von 1868 bis 1884 als Mitglied des Reichstages, wo er zum Führungsgremium der Nationalliberalen Partei zählte. In dieser Zeit war er maßgeblich an der Erarbeitung der Reichsjustizgesetze beteiligt und gestaltete die preußische Verwaltungsreform mit. Er selbst war am neu geschaffenen Preußischen Oberverwaltungsgericht von 1875 bis 1895 als Richter tätig.

Wie kaum ein anderer Jurist seiner Generation setzte Gneist sich für den Deutschen Juristentag ein, den er 1860 als Mitglied der Berliner Juristischen Gesellschaft mitgegründet hatte und mehr als 30 Jahre prägte. Zwischen 1868 und 1893 übernahm er 12-mal das Präsidium der Tagung, war zudem mehrmals Gutachter und 13-mal Referent des Juristentages.

Darüber hinaus engagierte sich Gneist sozial. Er war Mitbegründer und erster Präsident des „Vereins für Socialpolitik" sowie seit 1851 Mitglied des „Centralvereins für das Wohl der arbeitenden Classen", den er von 1869 bis 1895 leitete. 1888 in den Adelsstand erhoben, starb Gneist hoch geehrt 1895 in seiner Heimatstadt Berlin.

und die vom Juristentag geforderte Konkursordnung Gesetzeskraft. Ferner nahm das oberste Reichsgericht in Leipzig seine Arbeit auf. Stolz über das Erreichte blickte der Juristentag 1880 auf die Anfänge seiner Tätigkeit im Jahr 1860 zurück, als die regionalen Unterschiede so groß waren, dass es „selbst für die Juristen täglich schwieriger wurde, auch nur über das gewöhnlichste Verfahren und die einfachsten Schritte zur Geltendmachung von Rechtsansprüchen in anderen Bezirken Auskunft zu geben". Die Rechtszersplitterung im Gerichts- und Prozesswesen gehörte der Vergangenheit an.

Parlamentarische Tätigkeit

Der Juristentag hat nicht nur bei den Reichsjustizgesetzen vieles bewirkt. Auch im Hinblick auf zahlreiche Einzelgesetze folgte der Reichstag – wie schon im Norddeutschen Bund – seinen Empfehlungen: bei den Gesetzen zum Markenschutz 1874 und zum Patentwesen 1877, dem Gesetz über die Zivilehe 1875, zur Großjährigkeit 1875, zu Antragsdelikten 1876 und Aktiengesellschaften von 1884. Von den 120 wichtigsten Fragen, so Rudolf von Gneist 1886, die der Juristentag seit seiner Gründung behandelt habe, seien mehr als 100 durch die Gesetzgebung in seinem Sinne entschieden worden.

Diese beeindruckende Erfolgsbilanz beruhte auch darauf, dass viele Mitglieder des Juristentages unmittelbar in den parlamentarischen Körperschaften vertreten waren. So stellte der Stettiner Oberlandesgerichtsrat Theodor Ludwig Thomsen, langjähriges Mitglied der Ständigen Deputation, in der Festschrift zum 25-jährigen Jubiläum des Juristentages fest, dass dessen Mitglieder „zum großen Theile auch Mitglieder der Landtage und des Reichstags waren und so die beste Gelegenheit hatten, die Stimme des Juristentages dort wiederhallen zu lassen. Vorzugsweise", fuhr Thomsen fort, „tritt dies hervor beim Reichstage und hier wiederum besonders in den Commissionen zur Berathung der großen Reichsgesetze. Manche der thätigsten und hervorragendsten Mitglieder des Juristentags arbeiteten an der Rechtseinheit Deutschlands legislatorisch in einflußreicher Weise als Mitglieder vom Bundesrath resp. vom Reichstage erwählten Gesetzgebungs-Commissionen." In besonderem Maße gilt dies für Rudolf von Gneist – Parlamentarier aus Leidenschaft. Seit 1858 gehörte er dem preußischen Abgeordnetenhaus an, von 1868 bis 1884 dem Reichstag. Hier war er Mitglied der 28-köpfigen Kommission, die vom Reichstag zur Vorberatung der Justizgesetze gewählt wurde.

Professionalität und Perspektive

In den ersten Jahren nach der Reichsgründung hatte sich der Juristentag als fester Bestandteil des Deutschen Reiches etabliert. Nicht nur im Reichstag wurde seine Stimme gehört. Im Land war er ebenso bekannt, da er als „Wanderveranstaltung" seine Tagungsorte wechselte und auch kleinere Städte wie Kassel, Jena, Stettin, Straßburg, Posen oder Bamberg besuchte. Die Städte bewarben sich regelrecht darum, den Juristentag auszurichten. Stets waren Bürgermeister, lokale Honoratioren und Regierungsvertreter des jeweiligen Bundesstaates zugegen, Bevölkerung und Presse nahmen regen Anteil.

Die Professionalität, mit der die Juristentage organisiert und abgehalten wurden, ging auf die Arbeit der Ständigen Deputation zurück. Der große ehrenamtliche Einsatz und die relativ lange Zugehörigkeit ihrer Mitglieder sorgten für einen reibungslosen Ablauf. Seit 1873 war Berlin Sitz der Ständigen Deputation. Hier lebten auch die ersten ständigen Schrift- und Kassenführer, um die sich eine geschäftsführende Kommission bildete, welche die laufenden Geschäfte des Juristentages erledigte. Die Ständige Deputation war für die inhaltliche Arbeit und die Auswahl der Tagungsthemen verantwortlich; ihre Mitglieder übernahmen zudem die Mehrzahl der Gutachten, stellten auf den Juristentagen zumeist die Vorsitzenden der Abteilungen oder traten dort als Referenten auf.

Ab 1876 tagte der Juristentag regelmäßig im Zwei-Jahres-Turnus. Im Bewusstsein, mit den Reichsjustizgesetzen die erstrebte Rechtseinheit entscheidend vorangetrieben zu haben, verzichtete die Ständige Deputation fortan auf die jährlichen Einberufungen. Auch für die Mitglieder bedeutete die Verabschiedung der Reichsjustizgesetze eine Zäsur. Zwar blieben die Mitgliederzahlen mit circa 1.600 konstant, die Teilnehmerzahlen indes sanken. 1882 beim Würzburger Juristentag konstatierte Gneist mit Bedauern, dass kaum 300 Mitglieder gekommen seien.

Er selbst führte den Rückgang der Teilnehmer darauf zurück, „daß die Mehrzahl der die bürgerliche Freiheit betreffenden Fragen erledigt ist". Für ihn war damit aber keinesfalls die Aufgabe des Juristentages abgeschlossen. Im Gegenteil: „Ich glaube", erklärte Gneist, „wir werden uns immer mehr überzeugen, daß der Beruf des Juristentags ein bedeutungsvoller, ja ich möchte sagen, ein so wenig zu entbehrender ist, dass wir ihn heute schaffen müßten, wenn er nicht existierte. [...] Ja, m.H. [meine Herren], wir wären im deutschen Reichstage in der übelsten Lage gewesen, wenn uns nicht von außen her durch die freie Vereinsthätigkeit vorgearbeitet worden wäre; denn die Zusammensetzung der Parlamente ist sicherlich nicht darnach geschaffen, ein bürgerliches Gesetzbuch oder eine große organische Prozeßordnung als ein einheitliches Ganzes zu Stande zu bringen ohne diese vorbereitende und ergänzende Thätigkeit, welche auch durch die Schriften Einzelner nicht zu ersetzen ist." Er sei davon überzeugt, fuhr Gneist fort, „daß, abgesehen von den persönlichen Verbindungen, von den herzlichen Banden der Freundschaft und gegenseitigen Achtung, die sich auf den Juristentagen geschlossen haben, der Beruf dieser freien Vereinigung ein unabänderlich gegebener und ewig lebensfrischer sein wird". Gneists Ausführungen – von den versammelten Juristen mit „lebhaftem Bravo" gefeiert – waren auch Appell, sich künftig noch stärker als Helfer der parlamentarischen Gesetzgebungsarbeit zu engagieren. Im Fokus stand dabei vor allem das Bürgerliche Recht.

Der lange Weg zum Bürgerlichen Gesetzbuch

In den 1880er Jahren rückte die Arbeit an einem Bürgerlichen Gesetzbuch in den Vordergrund. Schon im ersten Paragraphen seiner Satzung hatte der Juristentag 1860 die Rechtseinheit explizit für das Privatrecht angestrebt, sich in seinen Empfehlungen jedoch vorerst auf ein allgemeines deutsches Obligationenrecht beschränkt – zu komplex erschien die Aufgabe, neben dem damals schon bearbeiteten Handelsrecht ein bürgerliches Recht zu gestalten. Auch der Reichstag widmete sich erst 1873 dem Zivilrecht und setzte 1874 eine erste Kommission zur Erarbeitung eines Entwurfs für ein Bürgerliches Gesetzbuch ein. Die lange Bearbeitungszeit ergab sich nicht nur aus dem Umfang der Materie, sondern auch daraus, dass wesentliche Teile des Privatrechts bislang in fast jeder Region Deutschlands unterschiedlich geregelt waren.

Ab 1876 griff der Juristentag zunehmend privatrechtliche Themen auf, nach der Fertigstellung des ersten Entwurfs zum Bürgerlichen Gesetzbuch (BGB) 1888 beschäftigte er sich gezielt mit dieser Vorlage. Schuld- und sachenrechtliche Fragestellungen wurden ebenso behandelt wie familien- und erbrechtliche. Manche seiner Empfehlungen wurden in das Gesetzbuch aufgenommen, so der auf dem 19. Deutschen Juristentag in Stettin 1888 beschlossene Grundsatz „Kauf bricht nicht Miete". Die diesbezüglichen Diskussionen auf den Juristentagen zeigten hohes Niveau, nahmen doch zahlreiche der anerkanntesten Privatrechtler an ihnen teil. Der prominenteste Kritiker des BGB, Otto von Gierke, der insbesondere dessen fehlende Volkstümlichkeit und soziale Ausrichtung bemängelte, gehörte ebenso dazu wie auf der anderen Seite Gottlieb von Planck und Ludwig Enneccerus, die als Generalreferent der Zweiten Kommission beziehungsweise als Mitglied des entsprechenden Reichstagsausschusses an der inhaltlichen Gestaltung des BGB beteiligt waren. Alle drei zählten über lange Jahre zur Ständigen Deputation des Juristentages.

In seiner Abschlussdiskussion zum Bürgerlichen Recht entschied sich der Juristentag 1895 in Bremen trotz andauernder kritischer Gegenstimmen, den überarbeiteten zweiten Entwurf des BGB mehrheitlich zu befürworten. Ein Jahr später wurde das Gesetzeswerk verabschiedet und trat 1900 in Kraft. Mit ihm war die deutsche Rechtseinheit im Wesentlichen vollendet.

Zu jedem Juristentag gehörte ein feierliches Festessen. Das Menü des Kölner Juristentages von 1891 umfasste Schildkrötensuppe, Zander in Kräutertunke, Lendenbraten mit Erdschwämmchen, Zunge mit Prinzessbohnen und Schinken, Gänsebraten, eingemachte Früchte, Eis und Nachtisch.

Eine sichere Zukunft

Während der langen Beratung des BGB hatten sich im Deutschen Reich grundlegende Änderungen vollzogen. Im sogenannten Dreikaiserjahr 1888 starben Kaiser Wilhelm I. und sein Sohn Friedrich III. Die Kaiserkrone übernahm Wilhelm II., ein Enkel Wilhelms I. Der junge Regent wollte selbst regieren und überwarf sich mit Bismarck, der 1890 als Kanzler zurücktrat – das wilhelminische Zeitalter begann.

Auch beim Deutschen Juristentag war die Zeit reif für eine neue Führungsriege. Gneist, der auf zwölf Juristentagen den Vorsitz innegehabt hatte, präsidierte 1893 ein letztes Mal. Sein Nachfolger wurde August Drechsler, Senatspräsident des ersten Zivilsenats am Leipziger Reichsgericht. Damit übernahm zum ersten Mal ein Richter die Präsidentschaft. 1898 wurde Melchior Stenglein, ebenfalls Richter am Reichsgericht, Vorsitzender des Juristentages. Dem 25. Deutschen Juristentag, der wie vierzig Jahre zuvor in Berlin tagte, stand der Karlsruher Oberlandesgerichtspräsident a. D. Karl von Stoesser vor. Er gehörte der Ständigen Deputation seit 1860 an und hatte die wechselvolle Geschichte des Juristentages hautnah erlebt.

Von Aufhören war im Jubiläumsjahr keine Rede mehr. Obgleich die Rechtseinheit mit dem BGB weitgehend vollendet war und sich damit das wichtigste Ziel des Juristentages erfüllt hatte, dachte niemand an seine Auflösung. Vielmehr galt es, das gesetzte Recht weiter zu entwickeln und neue Impulse zu geben. Im Ausland besaß der Deutsche Juristentag sogar Modellcharakter, der viele Länder zur Nachahmung anregte. Noch vor der Jahrhundertwende hatten so die Schweiz, Skandinavien, die Niederlande, Italien und Ungarn dem deutschen Beispiel folgend eigene Juristentage geschaffen. Die Institution Juristentag war aus dem Rechtsleben nicht mehr wegzudenken.

Kapitel 2

Die Weiterentwicklung des Rechts 1900–1933/45

Nach der Jahrhundertwende widmete sich der Deutsche Juristentag intensiv der weiteren Entwicklung des Rechts. Besonders auf dem Gebiet des Strafrechts sowie des Arbeits- und Sozialrechts zeigte er sich als Schrittmacher gesellschaftlicher Modernisierung. Auch Frauen fingen an, sich im Juristentag zu engagieren. Themen wie die Diskussion über die Gleichberechtigung der Frau und das als Arbeitsgebiet erstmals behandelte Staats- und Verfassungsrecht prägten die Zeit der Weimarer Republik. Mit der Machtübernahme der Nationalsozialisten 1933 riss die Tradition der diskussionsfreudigen liberalen Rechtsgestaltung ab. Da im totalitären Umfeld überparteiliche Ausrichtung und Meinungspluralität nicht mehr gewährleistet schienen, sagte die Ständige Deputation den für September 1933 in München anberaumten Deutschen Juristentag ab. 1937 wurde die Vereinigung von den Nationalsozialisten zwangsweise aufgelöst.

Sitzung des Strafrechts-Ausschusses des Reichstages 1930 unter seinem Vorsitzenden Wilhelm Kahl; mit dabei Marie Elisabeth Lüders (rechts).

Zweiter Auftakt in Berlin

1902 kam der Deutsche Juristentag zu seinem 26. Treffen erneut in Berlin zusammen – der Stadt, in der er 1860 gegründet worden war. Über 1.300 Teilnehmer aus allen Teilen Deutschlands und Österreichs nahmen daran teil. Mehr noch als der vorangegangene Jubiläums-Juristentag in Bamberg 1900 wurde der zweite Berliner Juristentag zur feierlichen Rückschau genutzt. Nicht nur die Reichs-, auch die Rechtseinheit war mit dem gerade in Kraft getretenen BGB vollendet. „Ein Volk, Ein Reich, Ein Recht steht fest begründet", hieß es in einem eigens dem Juristentag gewidmeten Huldigungsgedicht. Die Deutsche Juristenzeitung widmete ihm ein eigenes Heft, viele andere Zeitungen brachten „Festnummern", der Ortsausschuss und die Berliner Universität überreichten Festschriften. Darüber hinaus hoben der Staatssekretär des Reichsjustizministeriums und der preußische Justizminister, die die Versammlung willkommen hießen, die Verdienste des Juristentages um die Rechtseinheit hervor.

Für den Juristentag antwortete der Berliner Professor und Rechtshistoriker Heinrich Brunner, der von der Versammlung zum Präsidenten gewählt worden war, auf die zahlreichen Ehrungen. Auch er verwies auf die Erfolge des Juristentages und hob insbesondere dessen Pragmatismus hervor: „Was man immer etwa an einzelnen unserer Beschlüsse tadeln mag, wir dürfen uns das Zeugniß geben, daß wir uns fern gehalten haben von abstraktem Radikalismus, daß wir unser Ziel mit Besonnenheit, mit Beschränkung auf das praktisch Erreichbare verfolgt haben und mit jenem Wirklichkeitssinn, dessen Niemand so sehr bedarf als gerade der Jurist."

Die Entdeckung der sozialen Frage

Auf dem Berliner Juristentag von 1902 ging der Blick jedoch nicht nur zurück. Vielmehr galt es, mit den rasanten sozio-ökonomischen Entwicklungen Schritt zu halten. „Die Gesetzgebung verträgt keinen dauernden Stillstand", stellte der preußische Justizminister Karl Heinrich Schönstedt in seiner Begrüßungsansprache fest und verwies unter anderem auf den

Sonderbeilage der Deutschen Juristen-Zeitung von 1902 zum 26. Juristentag in Berlin mit den Porträts seiner Präsidenten und seines Begründers Franz von Holtzendorff.

mächtigen Aufschwung von Handel und Industrie, auf nicht rastende Fortschritte der Technik, auf den sich auf sozialem und wirtschaftlichem Gebiete vollziehenden Umschwung.

Tatsächlich manifestierte sich um die Jahrhundertwende das, was später als „erstes deutsches Wirtschaftswunder" bezeichnet wurde. Deutschland vollzog nicht nur den Übergang vom Agrar- zum Industriestaat, sondern stieg in die Spitzengruppe der Wirtschaftsnationen auf. Maschinenbau, Elektrotechnik und Chemie entwickelten sich zu weltweit führenden Industrien. Hatten die Staaten des Deutschen Bundes 1860 noch den fünften Platz in der weltweiten Industrieproduktion belegt, so konnte sich das Kaiserreich bis 1913 auf den zweiten Platz vorarbeiten.

Auch auf dem Berliner Juristentag 1902 war die neue Zeit spürbar, indem die versammelten Juristen mit dem Automobil das noch junge Verkehrsmittel der Zukunft zum Verhandlungsgegenstand erhoben und die Kraftfahrzeug-Haftpflicht sowie die Errichtung von Zwangsgenossenschaften für Kraftfahrzeug-Unternehmer forderten. Noch deutlicher zeigte sich der sozio-ökonomische Wandel allerdings an einem neuen Themenschwerpunkt, den der Juristentag sich stellte: dem Arbeits- und Sozialrecht.

Den Anstoß zur Beschäftigung mit arbeits- und sozialrechtlichen Fragen gab die Industriepolitik, konkret: die rasante Zunahme von Unternehmensverbänden. „Welche Maßregeln empfehlen sich für die rechtliche Behandlung der Ringe oder Kartelle?", lautete die Frage, die sich die Juristen 1902 in Berlin wie auch auf dem zwei Jahre später folgenden Innsbrucker Juristentag stellten. Den Leitsätzen des Referenten und späteren österreichischen Justizministers Franz Klein folgend lehnte der Juristentag eine gesetzliche Zügelung dieser Unternehmensverbände ab. Mit Hinweis auf die weltweite Konkurrenz forderte er vielmehr Anerkennung des rechtsgültigen Bestandes der Kartelle und formulierte seine Überzeugung, dass auch hier „Normen und Geist des herrschenden Privatrechts uneingeschränkt zur Herrschaft kommen [...] müsse[n] wie im übrigen Rechtsverkehre".

Erstaunlich war indes der zweite Teil der Beschlussfassung, die wiederum den Leitanträgen Kleins folgte: „Der Juristentag hält jedoch staatliches Eingreifen gegen etwa übertriebene, wirtschaftlich ungerechtfertigte Preissteigerungen für empfehlenswert", hieß es, „und die Gewährung der gleichen Koalitionsfreiheit, welche die Unternehmer genießen, an die Arbeitsnehmer für unerlässlich." Zudem forderte er in einem Zusatzantrag die Verleihung der Rechtsfähigkeit an Arbeiterorganisationen. Der Deutsche Juristentag hatte die soziale Frage für sich entdeckt.

Arbeitsvertrag und Koalitionsfreiheit

Das Deutsche Kaiserreich kannte weder Arbeitsrecht noch Arbeiterrechte. Bis 1890 galt das Bismarck'sche Sozialistengesetz, das die Sozialdemokratie und andere Vereinigungen der Arbeiterbewegung als „Reichsfeinde" verurteilte. Auch das BGB begegnete den Interessenvertretungen der Arbeiter mit Misstrauen, indem es sozialpolitischen Vereinen per se die Rechtsfähigkeit absprach und ihre Eintragung ins Vereinsregister einem aufwendigen Verfahren unterzog. Zwar sorgten die gesetzlichen Sozialversicherungen, die in den 1880er Jahren verabschiedet worden waren, für eine rudimentäre Absicherung, eine staatliche Anerkennung ihrer legitimen Interessen und Rechte aber blieb den Arbeitern verwehrt.

Was das konkret bedeutete, erfuhren die Juristen auf dem Kieler Juristentag 1906. Thema der Verhandlungen war der Akkordvertrag, der für die deutsche Industrie wichtigste Arbeitsvertrag. Er sah vor, die Arbeiter nach der Anzahl der hergestellten Werkstücke zu bezahlen. Trotz seiner Bedeutung war der Akkordvertrag rechtlich nicht geregelt, Streitigkeiten darüber, ja sogar Streiks und Aussperrungen keine Seltenheit, wie der als Referent bestellte Nationalökonom, der Posener Professor Ludwig Bernhard, berichtete: „Die Arbeiter verlangen nämlich, daß ihnen vor Beginn der Arbeit mitgeteilt wird, wie groß die Arbeit sein soll und wie viel Lohn sie erhalten werden, und sie verlangen weiter, daß nachher auch wirklich der Lohn danach berechnet wird. Sie werden dieses Verlangen nicht unbillig finden, und werden erstaunt sein zu hören, daß es in fast allen Industrien an einer genauen Akkordberechnung ganz und gar fehlt. [...] Sie werden Fälle finden, in denen die Arbeiter – das ist sogar die Regel – keinen Einblick haben in die Berechnung; Fälle finden, wo eine Vereinbarung überhaupt nicht stattfindet, sondern die Löhne während der Arbeit oder nach der Arbeit den Arbeitern mitgeteilt werden; Fälle finden, wo die Arbeiten angeblich nach einem Tarif erfolgen, während sie in Wahrheit im Tarif überhaupt nicht stehen, wo Abzüge gemacht werden, von denen vorher gar nicht die Rede war." In der abschließenden Beschlussfassung sprach sich der Juristentag mit großer Mehrheit für die gesetzliche Regelung des Akkordvertrages aus, insbesondere im Hinblick auf die Akkordvereinbarung und -abrechnung, die Pflichten der Parteien während der Akkordzeit sowie die rechtliche Stellung von Zwischenpersonen wie dem Akkordmeister oder Kolonnenführer.

Zwei Jahre später stand auf dem Juristentag in Karlsruhe das Thema Tarifverträge zur Verhandlung. Wieder brach der Juristentag eine Lanze für das Arbeitsrecht: Er verlangte eine gesetzliche Regelung der Arbeitstarifverträge, plädierte für die Koalitionsfreiheit und gegen jeden öffentlich-rechtlichen Zwang auf die Tarifparteien und befürwortete die unmittelbare Rechtswirkung von Tarifverträgen auf in ihrem Geltungsbereich abgeschlossene Arbeitsverträge. Erneut forderte er zudem die Beseitigung der Hindernisse, die nach dem BGB dem Erwerb der Rechtsfähigkeit durch gewerbliche Berufsvereine entgegenstanden. Ebenfalls in Karlsruhe wurde der häufig von Seiten der Gewerkschaften genutzte Boykottaufruf als zulässiges Mittel im Arbeitskampf legitimiert.

Fürsprecher eines modernen Arbeitsrechts

In den Jahren 1910 und 1912 wandte sich der Juristentag dem Arbeitsrecht der Angestellten zu, verhandelte über allgemeine soziale Schutzvorschriften für derartige Beschäftigungsverhältnisse und regte die Erarbeitung eines einheitlichen allgemeinen Dienstrechts an. Schon zuvor hatte er sich mit dem Thema Erfinderrecht beschäftigt und die Rechte an einer Arbeitnehmererfindung eindeutig dem Arbeitnehmer zuerkannt.

Das arbeitsrechtliche und sozialpolitische Engagement des Juristentages entsprach einer Zeitströmung. Heinrich Brunner bezeichnete die „soziale Ausgestaltung des Rechts" als vordringlichste Aufgabe der Juristen nach Erreichen der Rechtseinheit. Noch deutlicher brachte es der Leipziger Justizrat Johannis Junck, Rechtsanwalt beim Reichsgericht, in der Diskussion zum Tarifvertrag auf die Formel: „Wir alle leben in der Überzeugung, daß Sozialpolitik und Jurisprudenz nicht mehr getrennt marschieren dürfen. Sie müssen Hand in Hand gehen."

Hugo Sinzheimer (1875–1945)

Die arbeitsrechtlichen Debatten verliefen leidenschaftlich. Der junge Hugo Sinzheimer – später als „Vater des Arbeitsrechts" apostrophiert – meldete sich hier zu Wort, ebenso Franz Klein, Otto von Gierke sowie Vertreter von Wirtschaft und Industrie. Die meisten der Beschlüsse fielen zugunsten der Arbeiter und Angestellten aus. Dennoch verstand sich der Juristentag nicht als Sprachrohr der Arbeiterbewegung. Auch die Interessen der Industrie, die Wettbewerbsfähigkeit der deutschen Wirtschaft waren ihm wichtig. Allerdings waren die Rechte zwischen beiden gesellschaftlichen Gruppen so ungleich verteilt, dass „maßvolle" Reformen zwingend erforderlich schienen. Es ging um die Aufrechterhaltung des „sozialen Friedens", der in zahlreichen Diskussionsbeiträgen immer wieder beschworen wurde.

Indem der Juristentag das Arbeitsrecht zu seinem Schwerpunkt machte, beförderte er nicht nur die fachinterne Auseinandersetzung mit diesem Rechtsgebiet, das von den Rechtswissenschaften gerade erst entdeckt wurde. Mit seinen Empfehlungen wurde er auch zum Wegbereiter einer legislativen Umsetzung. Zwar fand der Juristentag im Kaiserreich kein Gehör. Hier versperrte sich die konservative Regierung sozialpolitischen Zielsetzungen. In der Weimarer Republik aber wurden fast alle arbeitsrechtlichen Beschlüsse des Juristentages zum Gesetz, manche erhielten sogar Verfassungsrang. Es war Hugo Sinzheimer, der 1919 in der Verfassungsgebenden Nationalversammlung für die Fraktion der Sozialdemokraten an der Abfassung von Artikel 159 der Weimarer Verfassung zur Koalitionsfreiheit mitbeteiligt war und den Artikel 165 initiierte, dessen erster Absatz lautete: „Die Arbeiter und Angestellten sind dazu berufen, gleichberechtigt in Gemeinschaft mit den Unternehmern an der Regelung der Lohn- und Arbeitsbedingungen sowie an der gesamten wirtschaftlichen Entwicklung der produktiven Kräfte mitzuwirken. Die beiderseitigen Organisationen und ihre Vereinbarungen werden anerkannt." Ein Jahr später erhielt Sinzheimer die erste deutsche Professur für Arbeitsrecht an der Universität Frankfurt am Main.

Die Reformierung des Strafrechts

Mit demselben Eifer, mit dem sich der Juristentag den arbeitsrechtlichen Themen widmete, wandte er sich dem materiellen Strafrecht zu. Spätestens seit der Verabschiedung des BGB wurde im Deutschen Reich offen darüber diskutiert, dass das in seinen Grundzügen noch auf das Preußische Strafgesetzbuch von 1851 zurückgehende Deutsche Strafgesetzbuch einer grundlegenden Revision bedürfe. Der Juristentag war nicht nur Bestandteil, sondern auch Motor dieser Reformbewegung, indem er bereits auf seiner Berliner Tagung 1902 die Reform thematisierte. „Ist eine Revision des Strafgesetzbuches in Aussicht zu nehmen? – Welche Grundfragen für eine solche sind dem Juristentag in seinen folgenden Tagungen zur Beratung vorzulegen?", lauteten die Kernfragen. Als Gutachter fungierten Franz von Liszt, der als

Begründer der modernen Strafrechtstheorie zu den stärksten Befürwortern einer Reform zählte, sowie Gottlieb von Calker als Vertreter der klassischen Strafrechtschule. Berichterstatter war der Berliner Professor Wilhelm Kahl.

Nach intensiver Diskussion sprach sich der Juristentag einstimmig für eine Strafrechtsreform aus. Auf Vorschlag Kahls wurden sieben Themenkomplexe benannt, die als besonders reformbedürftig galten und auf den nächsten Juristentagen bearbeitet werden sollten: die strafrechtliche Behandlung von Jugendlichen und – so die damalige Bezeichnung – von „geistig Minderwertigen", das rückfällige und gewerbsmäßige Verbrechertum, die richterliche Strafzumessung, das Strafmittelsystem, der Strafvollzug sowie Strafausschließungsgründe. Die Auswahl der Themen ging weitgehend auf die Reformideen Franz von Liszts zurück.

Tatsächlich wurden bis zum Ausbruch des Ersten Weltkriegs fast alle dieser Punkte abgearbeitet. Die Beschlüsse hatten vielfach wegweisenden Charakter. Der Juristentag verlangte unter anderem, das Strafmündigkeitsalter für Jugendliche von 12 auf 14 Jahre zu erhöhen. Ferner sollte der Richter prüfen, ob der Jugendliche bei Begehung der Straftat die erforderliche sittliche Reife gehabt habe und ob man sich von Anwendung der Strafe einen Erfolg versprechen könne. „Geistig Minderwertige" sollten mildere Strafen erhalten und nicht dem regulären Strafvollzug unterliegen; der Juristentag plädierte für die Einführung des Begriffs der „verminderten Zurechnungsfähigkeit". Gewohnheitsmäßiges und gewerbsmäßiges Verbrechertum sollte strafverschärfend wirken, sofern nicht mildernde Umstände vorlagen. Zudem sollte dem Richter die Verhängung einer sich an die Strafe anschließenden Sicherheitsverwahrung möglich sein. Was die Strafzumessung anbelangte, forderte der Juristentag, zusätzliche Strafrahmen für sehr leichte wie auch sehr schwere Delikte einzuführen. Nur beim Thema Todesstrafe überwog die konservative Richtung. Hatte sich der Juristentag 1863 noch gegen die Todesstrafe ausgesprochen, so befürwortete 1912 eine Mehrheit von 470 zu 424 Stimmen, sie für schwerste Delikte von Mord und Hochverrat vorläufig noch beizubehalten.

Viele der Beschlüsse gingen auf Leitanträge Wilhelm Kahls zurück, der bei allen strafrechtlichen Themen als Referent auftrat. Dabei war Kahl, ebenso wie Liszt, nicht nur theoretisch mit der Strafrechtsreform befasst. Beide gehörten dem 1902 vom Reichsjustizamt einberufenen Komitee zur

Vorbereitung einer deutschen Strafrechtsreform an, das 1909 einen „Vorentwurf zu einem deutschen Strafgesetzbuch" vorstellte. Kahl wurde zudem 1911 Mitglied und später Vorsitzender der Kommission, die auf der Basis dieser Vorarbeiten einen konkreten Strafrechtsentwurf verfasste. Nicht zuletzt aufgrund dieser personellen Kontinuitäten flossen viele der strafrechtlichen Empfehlungen des Juristentages in den Gesetzesentwurf ein.

Verwaltungsrecht als neues Arbeitsgebiet

1906 beschloss der Kieler Juristentag neben den in der Satzung bereits aufgeführten Rechtsgebieten des Zivil-, Straf- und Prozessrechts auch das Verwaltungsrecht als Arbeitsgebiet zu behandeln. Zur Begründung verwies Theodor Olshausen, der an Stelle des erkrankten Heinrich Brunner als Präsident des Juristentages amtierte, auf die enge Beziehung zwischen Privat- und Verwaltungsrecht sowie auf die erhöhte Bedeutung, die dem Verwaltungsrecht bei der Erweiterung und Vertiefung des modernen Staatsgedankens zukäme.

Ein ganz neuer Vorstoß war dies freilich nicht. Der Juristentag hatte schon zuvor verwaltungsrechtliche Themen behandelt. So hatte er die Haftung des Staates für seine Beamten bejaht, hatte sich für die Einführung von Verwaltungsgerichten eingesetzt und zuletzt 1902 die Frage der Rechtskraft verwaltungsgerichtlicher Urteile und der ihnen gleichstehenden Entscheidungen bejaht. 1906 behandelte der Juristentag erneut die staatliche Haftung für Schäden, die Beamte bei der Ausübung ihrer Amtsgewalt Dritten zufügen, diesmal unter dem Aspekt einer reichsweit einheitlichen Regelung. 1910 sprach er sich für die Errichtung eines Reichsverwaltungsgerichts oder einer ähnlichen höchsten richterlichen Instanz für Verwaltungssachen aus, um eine einheitliche Rechtsanwendung sicherzustellen.

Derartige Entscheidungen trugen viel zum liberalen Profil des Juristentages bei. Dass er das Verwaltungsrecht nun offiziell in seinen Arbeitskatalog aufnahm, sprach für sein Selbstbewusstsein wie auch für seine gefestigte Rolle in Öffentlichkeit, Reichs- und Landesjustiz. Allerdings beschränkte er sich bewusst auf das sogenannte innere Verwaltungsrecht. Das Verfassungsrecht blieb weiterhin ausgespart.

Juristinnen der ersten Stunde

Mit der Aufnahme des Verwaltungsrechts gewann der Juristentag neue Mitglieder unter den Verwaltungsjuristen. Doch nicht nur diese zog es zu den Tagungen. Über den Juristentag von 1902 meldete die Deutsche Juristenzeitung: „Auch ein weiblicher Jurist, Frl. Dr. Raschke aus Berlin, war erschienen." Die Nachricht ließ aufmerken. Denn Frauen konnten vor der Jahrhundertwende zwar an einigen deutschen Universitäten als Gasthörerinnen Jura studieren, dort aber keinen Abschluss machen. Marie Raschke hatte daher 1899 in der Schweiz an der Universität Bern promoviert. Mit der Rechtswissenschaft war sie erst spät in Berührung gekommen. 1850 als Tochter eines Rittergutsbesitzers in Pommern geboren, zwangen sie wirtschaftliche Schwierigkeiten, mit ihrer Familie 1879 nach Berlin zu gehen, wo sie das Preußische Lehrerinnenexamen für höhere Mädchenschulen absolvierte. Neben ihrer Arbeit als Lehrerin besuchte sie Fortbildungen, engagierte sich für die Reorganisation der höheren Mädchenschulen und war Mitbegründerin des Vereins Berliner Volksschullehrerinnen. Ihr juristisches Interesse wurde nicht zuletzt durch das im Entstehen begriffene BGB geweckt. Raschke, die sich in der bürgerlichen Frauenbewegung engagierte, gehörte zu den Gegnerinnen des familienrechtlichen BGB-Entwurfs, der die Stellung der Frau wenig oder gar nicht gebessert habe. Als Vorsitzende der Rechtskommission des Bundes deutscher Frauenvereine verfasste sie mehrere Publikationen gegen das neue Gesetzeswerk. 1896 nahm sie ihr Jurastudium an der Berliner Friedrich-Wilhelms-Universität, der heutigen Humboldt-Universität, auf und zählte nach ihrer Promotion 1899 zu den ersten deutschen Juristinnen überhaupt.

Raschke besuchte nicht nur den Berliner Juristentag, sondern trat ihm auch bei. Seit 1902 ist ihr Name im Mitgliederverzeichnis aufgeführt – sie ist damit die nachweislich erste Juristin des Deutschen Juristentages. Welche Abteilungen Raschke in Berlin besuchte, ist nicht überliefert. Zwei Jahre später ergriff sie auf dem Innsbrucker Juristentag 1904 selbst das Wort. Es ging um die Strafrechtsreform im Hinblick auf die Behandlung minderjähriger Straftäter. Raschke hatte im Auftrag des Bundes Deutscher Frauenvereine in Form einer Broschüre dazu Stellung genommen. In der Frauenbewegung hatte sich jedoch noch keine abschließende Rechtsüber-

Marie Raschke (1850–1935)

zeugung gebildet, weshalb Raschke den Antrag stellte, das Thema auf den nächsten Juristentag zu verschieben, damit auch die Frauen ihre Position einbringen könnten. Ihre Darlegungen, die laut Verhandlungsprotokoll mit Beifall bedacht wurden, fanden indes keine Berücksichtigung. Die Sache sei zu wichtig, sie noch einmal zu verschieben, befand die Abteilung, in der die versammelten Juristen trotz Raschkes Anwesenheit beharrlich die Anrede „Meine Herren" beibehielten.

Marie Raschke ließ sich davon nicht abschrecken. Sie arbeitete weiter aktiv in der Frauenbewegung und -beratung und gründete 1914 gemeinsam mit Marie Munk den Deutschen Juristinnenverein. Bis 1912 – soweit sind Mitgliederlisten erhalten – wird sie als reguläres Mitglied des Juristentages geführt. Und nicht nur sie: 1908 trat Dr. Alice Westerkamp, die Leiterin der Rechtsschutzstelle für Frauen in Frankfurt am Main, dem Juristentag bei, 1912 kam mit Clara Eck eine weitere Berliner Juristin hinzu. Die Standardanrede auf den Juristentagen blieb dennoch „Meine Herren". Der Juristentag hatte die Frauen noch nicht entdeckt, die Frauen aber den Juristentag.

Vom Kaiserreich zur Weimarer Republik

Rückblickend erscheinen die letzten Jahre des Kaiserreiches als glänzende Epoche des Juristentages. Auch nach Erringung der Rechtseinheit blieb er als juristische Autorität und legislativer Ratgeber unangefochten. Neue Rechtsgebiete wie das Sozial-, Arbeits- oder Verwaltungsrecht festigten nicht nur seine Existenzberechtigung, sondern zeigten den Juristentag auch als Wegbereiter gesellschaftlicher Modernisierung. Dass seiner Tätigkeit nationale Bedeutung zukam, stand außer Frage. Auf jeder seiner Veranstaltungen ließ er neben dem jeweiligen Landesherrn dem deutschen und österreichischen Kaiser telegrafische Huldigungen übermitteln, die von den Majestäten stets prompt mit Grußtelegrammen beantwortet wurden. Derart verankert, konnte sich der Juristentag in bestimmten Rechtsfragen wie etwa dem Arbeitsrecht selbstbewusst gegen das politische Establishment stellen. Auf anderen Gebieten wie der Strafrechtsreform arbeitete man hingegen Hand in Hand mit der Justizverwaltung.

Eng war der Schulterschluss mit Österreich. Mit Innsbruck 1904 und Wien 1912 fanden zwei der insgesamt sechs Juristentage nach der Jahrhundertwende in der Donaumonarchie statt. Die meisten der juristischen Empfehlungen galten für beide Länder, in einigen Fällen wie der Strafrechtsreform strebten auch die Justizverwaltungen eine gemeinsame Gesetzgebung an.

Die Finanzen des Juristentages waren solide, die Mitgliederzahlen mit circa 1.500 konstant. Infolge des Wiener Juristentages steigerten sie sich zwei Jahre vor dem Ersten Weltkrieg auf über 3.500. Die Zahl der Deputationsmitglieder wurde 1912 von 19 auf 24 erhöht, um „den neuen Strömungen auf dem Gebiet des Rechts Rechnung zu tragen". Trotz der zunehmenden beruflichen wie fachlichen Zersplitterung unter den Juristen blieb es das Credo des Juristentages, keine Interessenpolitik zu betreiben, sondern im Zuge der

„nationalen Selbsterziehung der deutschen Juristen" am Wohle der Gesamtheit mitzuarbeiten. Derart aufgestellt, blickte der Juristentag optimistisch in die Zukunft. Schon liefen die Vorbereitungen zur nächsten Tagung in Düsseldorf 1914, als der Erste Weltkrieg ausbrach und alle Planungen zunichte machte. 1918 folgten Kapitulation, Novemberrevolution und schließlich die Ausrufung der Weimarer Republik. Erst 1921 traf sich der Juristentag in Bamberg wieder, inmitten einer völlig veränderten Welt.

Neubeginn in schwieriger Zeit

„Ein Weltbeben hat die europäische Staatenordnung aus den Fugen geworfen, hat heilige Rechte zerrissen, uralte Besitzstände verändert, Throne gestürzt, Millionen von Menschenleben vernichtet", mit diesen Worten eröffnete Wilhelm Kahl, der als Nachfolger des verstorbenen Heinrich Brunner zum Präsidenten gewählt worden war, 1921 in Bamberg die erste Zusammenkunft der Juristen nach dem Ersten Weltkrieg. Die Stimmung war gedrückt. Die deutsche Niederlage, die desolate wirtschaftliche Situation wie auch der in der deutschen Bevölkerung als zutiefst ungerecht empfundene Friedensvertrag von Versailles lasteten auf der Versammlung. Eigens wurde an die Juristentage in Straßburg, Posen und Danzig erinnert, Städte, die infolge des Versailler Friedensvertrags nicht mehr zum Deutschen Reich gehörten. Die aus dem Versailler Vertrag abgeleiteten Sanktionen gegen das Deutsche Reich wurden als völkerrechtswidrig verurteilt. Einstimmig verabschiedete die Versammlung zudem einen Antrag, der die von den Siegermächten erzwungene Aburteilung deutscher Kriegsverbrecher durch das Reichsgericht als „einseitige Rachepolitik" verurteilte.

Kahl lehnte es indes ab, Schuld und Verlauf des Weltkrieges weiter zu thematisieren. Trotz der schwierigen Lage hatte der Bamberger Kongress fast 700 Besucher angezogen. Für den Juristentag, so Kahl, zähle nur die Frage, „hat dieses Beben auch unser Werk vernichtet oder sind wir berufen, mit doppelter Kraft, mit neuem Mute, mit gesteigertem Verantwortlichkeitsbewußtsein es wieder in die Hand zu nehmen? Wir Alle werden darauf mit einem entschlossenen ‚Ja' antworten." Kahl setzte auf Aufbruch. Aufgabe des Juristentages sei es, „eine Kerntruppe zu sein zum Wiederaufbau des Vaterlandes mit den Mitteln des Rechtes".

Für den Juristentag war es ein schwieriger Neubeginn. Die Zahl seiner Mitglieder war von über 3.500 vor dem Ersten Weltkrieg auf gerade mal 900 gesunken, sein Vermögen wurde durch die fortschreitende Inflation entwertet. Die finanzielle Lage war so desolat, dass weder für die Bamberger Tagung 1921 noch für den folgenden Heidelberger Juristentag 1924 ein Gutachtenband gedruckt werden konnte. Dennoch blieb der Blick nach vorne gerichtet. Schon auf dem Bamberger Juristentag hatte sich die Deputation verjüngt, drei Jahre später wurde auf dem Heidelberger Juristentag eine neue Satzung beschlossen. Sie sah unter anderem eine Mitgliedschaft für Körperschaften vor sowie für alle – auch außerhalb der Reichsgrenzen – lebenden Deutschen. Die Abteilungseinteilung sollte frei und nicht mehr vorgegeben sein. Als Sitz der Deputation wurde nun offiziell Berlin benannt. Am wichtigsten war jedoch die inhaltliche Öffnung. Zukünftig sollten alle Rechtsgebiete Verhandlungsgegenstand sein.

Neuland Verfassungsrecht

Mit der inhaltlichen Öffnung waren auch verfassungsrechtliche Themen kein Tabu mehr. Bislang gezogene Schranken seien durch die Wucht der Ereignisse gefallen, die scharfe Grenzlinie zwischen privatem und öffentlichem Recht lasse sich nicht mehr aufrechterhalten, stellte Wilhelm Kahl auf dem Bamberger Juristentag fest und reflektierte damit den Übergang von einem monarchischen zu einem republikanischen Staatsverständnis. Der neuen Nähe zur Politik stellte er allerdings ein „Gelöbnis der Zukunft" zur Seite: „Politik, aber niemals Parteipolitik. Niemals trete sie trennend unter uns. Die Politik immer nur im Dienste des Rechtes, das Recht nie die Magd der Politik." Ähnlich hieß es auch in der neuen Satzung: „Er [der Deutsche Juristentag] will unter Ausschluß jeder Parteipolitik und jeder einseitigen Interessenvertretung für eine gerechte und zweckentsprechende Fortbildung des Rechtes auf dessen gesamtem Gebiet wirken."

Wilhelm Kahl
(1849–1932)

„Weder in der Deputation noch später in der Tagung selbst war", so Ernst Wolff im Rückblick, „je ein Zweifel darüber, daß niemand anders als Kahl zu ihrem Präsidenten erwählt werden könne." Viermal hintereinander, von 1921 bis 1928, kürte der Juristentag Wilhelm Kahl zu seinem Vorsitzenden. Er hat sowohl mit seiner souveränen Verhandlungsführung, seiner fachlichen Autorität wie auch seiner Beredsamkeit und seinem Humor die Juristentage der Weimarer Republik geprägt.

1849 in Franken geboren, promovierte Kahl 1873 in Jura, später in Theologie. Nach der Habilitation wurde er 1879 Professor in Rostock, danach in Erlangen und Bonn. 1895 berief ihn die Friedrich-Wilhelms-Universität in Berlin zum Nachfolger Rudolf von Gneists, wo er bis zu seiner Emeritierung 1921 lehrte. Kahl, der als einer der bedeutendsten Gelehrten im Bereich des Kirchen- und Staatskirchenrechts galt, wandte sich in Berlin auch dem Straf- und Strafprozessrecht zu. Er vermittelte zwischen klassischer und moderner Strafrechtsschule und ebnete so den Weg zur Arbeit an der großen Strafrechtsreform. Ab 1902 war er als Mitglied und später Vorsitzender in den Kommissionen der Reichsjustizverwaltung an den Entwürfen für ein neues progressives Strafgesetzbuch beteiligt. Auch auf dem Juristentag wurde er zur Leitfigur der Strafrechtserneuerung. 1900 in die Ständige Deputation gewählt, hat Kahl alle strafrechtlichen Verhandlungen des Juristentages als Gutachter oder Berichterstatter geprägt, die Beschlüsse gingen maßgeblich auf seine Vorlagen zurück.

Kahl engagierte sich auch politisch. Er war Mitglied im Vorstand der Nationalliberalen Partei und nach dem Ersten Weltkrieg Vorstandsmitglied der Deutschen Volkspartei. Als Abgeordneter der Weimarer Nationalversammlung sowie von 1920 bis zu seinem Tod 1932 als Mitglied des Reichstages setzte er sich weiter für die Strafrechtsreform ein. Er genoss parteiunabhängig höchstes Ansehen und wurde 1927 Vorsitzender des Strafrechtsausschusses.

Kahl, der zudem aktiv in der Evangelischen Kirchenleitung tätig war, erhielt zahlreiche Ehrungen, darunter die Ehrendoktorwürde in Medizin und Staatswissenschaften. An seinem 80. Geburtstag 1929 wurde ihm mit dem „Adlerschild des Deutschen Reiches" die höchste Auszeichnung der Weimarer Republik verliehen. Die noch zu seinen Lebzeiten nach ihm benannte Kahlstraße in Berlin-Wilmersdorf erinnert bis heute an ihn.

Fast jeder Juristentag der Weimarer Republik behandelte zumindest ein verfassungsrechtliches Thema. Argumentiert wurde vom Boden der Weimarer Reichsverfassung aus, die Spannbreite der Themen war groß und reichte vom Gesetz über den Ausnahmezustand, über Zulässigkeit und Form von Verfassungsänderungen bis hin zur Gestaltung der Länder- und Reichsfinanzen. Leitfigur der verfassungsrechtlichen Debatten war Heinrich Triepel, Fakultätskollege von Wilhelm Kahl an der Berliner Universität und einer der bekanntesten Staatsrechtler der Weimarer Republik. Seit 1921 Mitglied der Ständigen Deputation, hat er die verfassungsrechtlichen Verhandlungen des Juristentages als Gutachter, Referent oder Vorsitzender der öffentlich-rechtlichen Abteilung geprägt.

Wegweisend waren vor allem zwei Debatten. 1921 sprach sich der Juristentag gegen die in Kriegs- und Revolutionszeit verfestigte parlamentarische Gepflogenheit aus, die Regierung zum Erlass von Rechtsverordnungen zu ermächtigen. Insbesondere in der Republik, so Triepel in seinem Gutachten, müsse das Gesetz die Regel und die Verordnung die Ausnahme bleiben. Auch dürfe es keine schrankenlose Delegation geben, vielmehr dürfe ein Gesetz derartige Ermächtigungen „nur im Dienste begrenzter Zwecke für ein bestimmtes Lebensverhältnis erteilen". 1926 ging es auf dem Kölner Juristentag um die Ausweitung der Zuständigkeit des Staatsgerichtshofs. Anders als das heutige Bundesverfassungsgericht konnte der Staatsgerichtshof der Weimarer Republik nur bestimmte Gesetze auf ihre Verfassungsmäßigkeit prüfen. Hier forderte der Juristentag mit breiter Mehrheit eine Kompetenzausweitung. Ferner unterbreitete er umfangreiche Vorschläge zur Gewährleistung der Verfassungsmäßigkeit, darunter das richterliche Prüfungsrecht sowie die Anrufung des Verfassungsgerichts durch eine parlamentarische Minderheit. In der Weimarer Republik haben beide Beschlüsse keine unmittelbare Wirkung entfaltet, sie haben aber die bundesrepublikanische Verfassung geprägt. Das Bonner Grundgesetz fordert in Artikel 80, Absatz 2, Ermächtigungen zum Erlass von Rechtsverordnungen in Bezug auf Inhalt, Zweck und Ausmaß im Gesetz zu bestimmen. Es sieht zudem ein echtes Verfassungsgericht vor, das nach Artikel 93, Absatz 1 auch von einer Minderheit des Bundestages angerufen werden kann.

Themen der 1920er Jahre

Nicht nur verfassungsrechtliche, auch steuerrechtliche Themen hat der Juristentag in der Weimarer Republik erstmals behandelt, begann sich doch das Steuerrecht in dieser Zeit als eigenständige Rechtsdisziplin zu etablieren. Hinzu kamen wie schon vor dem Ersten Weltkrieg unternehmens-, wirtschafts- und arbeitsrechtliche Fragestellungen. Unter anderem diskutierte der Juristentag die Beteiligung der Arbeitnehmer an Kapital und Gewinn des Unternehmens, die Stellung der Arbeitsgerichte im Gerichtswesen, die Frage der Haftung für unzulässige Arbeitskampfhandlungen, ferner den strafrechtlichen Schutz der Arbeitskraft. Der Heidelberger Juristentag von 1924 widmete sich der zukünftigen Gestaltung des Wohnungsmietrechts und knüpfte damit an eine von Franz Klein bereits vor dem Ersten Weltkrieg gestartete Initiative zur Linderung der Wohnungsnot an.

Einen weiteren Schwerpunkt bildeten prozessrechtliche Fragen sowohl im Hinblick auf eine Reform des Zivil- als auch des Strafprozesses. Zudem stand die Frage einer materiellen Strafrechtsreform, die noch immer nicht umgesetzt war, weiter auf der Tagesordnung. 1921 behandelte der Juristentag das Thema Strafbemessung. 1926 ging es um die Art des Strafvollzugs für Überzeugungstäter und mögliche Änderungen des BGB im Hinblick auf die Strafrechtsreform, 1928 auf dem Salzburger Juristentag um die Hauptziele der Strafrechtsreform. Mit Gustav Radbruch und Erich Koch-Weser gehörten gleich zwei Justizminister der Weimarer Republik dem Juristentag und der Ständigen Deputation an. Beide beschäftigten sich intensiv mit der Strafrechtsreform. Radbruch setzte während seiner Amtszeit 1923 die Verabschiedung eines eigenständigen Jugendstrafgesetzbuchs durch.

Juristinnen in der Weimarer Republik

Schon vor dem Ersten Weltkrieg hatten immer mehr deutsche Universitäten Frauen regulär zum Studium zugelassen und auch Jurastudentinnen angenommen. Anwältin, Staatsanwältin oder Richterin durften sie aber nicht werden, denn die Ablegung des ersten und zweiten juristischen Staatsexamens blieb den Frauen weiterhin verwehrt. Erst in der Weimarer Republik hatte der Kampf um den Zugang von Frauen zu juristischen Berufen Erfolg. Im Juli 1922 wurde das von Justizminister Gustav Radbruch eingebrachte Gesetz über die Zulassung von Frauen zu Ämtern und Berufen der Rechtspflege vom Reichstag angenommen. Die Entscheidung war schon allein deshalb überfällig, weil Artikel 109 der Weimarer Reichsverfassung die staatsbürgerliche Gleichheit von Mann und Frau festgelegt hatte. Dennoch stieß sie bei vielen männlichen Juristen auf Ablehnung. Frauen seien schon aufgrund ihrer körperlichen Konstitution und Emotionalität nicht in der Lage, sachlich zu urteilen, hieß es. Zudem sei die Juristentätigkeit zu hart und drohe die Frauen zu vermännlichen. Es wurde sogar die Behauptung aufgestellt, dass die Verurteilung durch eine Richterin die „Männerwürde" verletze.

Der Deutsche Juristentag teilte diese Vorbehalte nicht. Hatte er die ersten Juristinnen am Anfang des Jahrhunderts noch übersehen, so bestellte er 1924 mit Marie Munk eine der ersten deutschen Rechtsanwältinnen als Gutachterin. Munk, die mit Marie Raschke den Deutschen Juristinnenverein gegründet hatte und noch 1924 zur ersten deutschen Richterin ernannt wurde, war damit die erste Frau, die auf einem Juristentag als Gut-

Marie Munk (1885–1978)

achterin auftrat. Doch nicht nur formal, auch inhaltlich öffnete sich der Juristentag der Frauenbewegung. Unter dem Postulat der Gleichberechtigung prägten ehe- und familienrechtliche Themen gleich mehrere Juristentage der 1920er Jahre.

Mit den Frauen zur Gleichberechtigung

Schon 1921 diskutierte der Juristentag in Bamberg die Rechtsstellung des unehelichen Kindes und stärkte dessen Position ebenso wie die der ledigen Mutter. Drei Jahre später ging es um die Stellung der verheirateten Frau. Neben der staatsbürgerlichen Gleichheit von Mann und Frau hatte die Weimarer Reichsverfassung in Artikel 119 auch die Gleichberechtigung beider Geschlechter als Basis der Ehe festgeschrieben. Daran anknüpfend stellte der Heidelberger Juristentag von 1924 die Frage: „Welche Richtlinien sind für die zukünftige Gestaltung des ehelichen Güterrechts aufzustellen?"

Marie Munk, die hierbei als Gutachterin auftrat, hatte sich bereits im Auftrag des Bundes Deutscher Frauenvereine mit dem Recht der Ehescheidung und der elterlichen Gewalt beschäftigt. Sie plädierte ebenso wie der zweite Gutachter, Rechtsprofessor Theodor Kipp, für eine vollständige Neuregelung des Güterrechts. Gütertrennung und gleiche Partizipation an der ehelichen Errungenschaft, lautete der Vorschlag, dem die Versammlung mit großer Mehrheit folgte. Der Juristentag war damit seiner Zeit weit voraus, denn umgesetzt wurde das Modell von Gütertrennung und Zugewinngemeinschaft erst zum 1. Juli 1958.

Auch auf dem Lübecker Juristentag von 1931 spielte das Thema der Gleichberechtigung der Frau eine zentrale Rolle. Die Liste der Anwesenden liest sich wie das „Who is Who" der deutschen Frauenbewegung: Marie Berent, Camilla Jellinek, Marie Elisabeth Lüders, Marie Munk, Emmy Rebstein-Metzger und Marianne Weber, sie alle nahmen als Gutachterinnen, Referentinnen oder mit Diskussionsbeiträgen teil. In der öffentlichrechtlichen Abteilung des Juristentages trat Camilla Jellinek, seit 1900 Vorsitzende des Bundes deutscher Frauenvereine sowie Leiterin seiner Rechtskommission, für eine eigenständige Staatsangehörigkeit der Frau ein, die sie auch nach Eheschließung mit einem Ausländer behalten könne – ein Votum, das auch der ehemalige Reichsminister Erich Koch-Weser vertrat und dem die Versammlung folgte. Im Zentrum stand indes das von der zivilrechtlichen Abteilung behandelte Thema: „Inwieweit bedürfen die familienrechtlichen Vorschriften des Bürgerlichen Gesetzbuches mit Rücksicht auf den die Gleichberechtigung der Geschlechter aussprechenden Artikel 119 Abs. 1 Satz 2 der Reichsverfassung einer Änderung?"

Sowohl die Gutachter, darunter die Mannheimer Rechtsanwältin Emmy Rebstein-Metzger, als auch die Referenten und Diskussionsteilnehmer forderten im Hinblick auf den Gleichberechtigungsgrundsatz einmütig eine grundlegende Reform des Ehe- und Familienrechts. Unter den Referenten ragte vor allem Marianne Weber hervor, Verfasserin des einflussreichen Werkes „Ehefrau und Mutter in der Rechtsentwicklung" und Witwe des Soziologen Max Weber, die nicht nur auf die rechtliche Gleichstellung der

Geschlechter, sondern auch auf die veränderte Rolle der Frau in Wirtschaft, Kultur und Gesellschaft verwies und ein modernes Bild der Ehe als Partnerschaft zeichnete. Mit nur einer Gegenstimme sprach sich der Juristentag schließlich, ohne näher auf Details einzugehen, für eine fundamentale Änderungen des Eherechts und des ehelichen Güterrechts, des Rechts der elterlichen Gewalt und des Vormundschaftsrechts aus.

Die engagierte und zustimmende Diskussion von Gleichberechtigungsfragen auf dem 36. Deutschen Juristentag machte den Juristentag zum Motor einer gesellschaftlichen Modernisierung im Hinblick auf die Stellung der Frau. So zeigte sich die Reichstagsabgeordnete Marie Elisabeth Lüders überrascht und erfreut, „daß von einem so illustren Gremium, wie es der Deutsche Juristentag ist, mit einer solchen Entschiedenheit die Forderungen aufgenommen werden, die die Frauen Jahrzehnte lang vergebens vorgetragen haben, und die noch vor nicht allzu langer Zeit im Hohen Hause des Reichstags mehr Gelächter als Verständnis hervorgerufen haben". Und auch Marianne Weber hielt in ihrer Abschlussrede fest: „Wir Frauen dürfen mit hoher Befriedigung und Dankbarkeit auf diese Tagung zurücksehen, denn wir haben die volle Bereitwilligkeit dieses hochansehnlichen Kreises von Fachvertretern gespürt, die Selbstmündigkeit unseres Geschlechts anzuerkennen und nunmehr auch in den Ehegesetzen zu verankern."

Der umstrittene Lübecker Juristentag

Der Lübecker Juristentag 1931 stand bereits im Zeichen der Krise der Weimarer Republik. Die Folgen des Börsenkrachs von 1929 waren durch den Zusammenbruch der Danat-Bank vom Juli 1931 noch verschärft worden. Die Erschütterung war so groß, dass die Ständige Deputation zunächst überlegt hatte, den Juristentag in diesem Jahr ausfallen zu lassen. Am Ende verzichtete man angesichts der schwierigen wirtschaftlichen Lage vieler Mitglieder auf ein Rahmenprogramm.

Die Wirtschaftskrise ging mit wachsender innenpolitischer Instabilität einher. Bei der Reichstagswahl vom 14. September 1930 verbuchte die Nationalsozialistische Deutsche Arbeiterpartei (NSDAP) mit einem Anstieg der Reichstagsmandate von 12 auf 107 einen großen Erfolg und etablierte sich als politische Macht, während die bürgerlichen Parteien deutlich an Stimmen verloren. Von Anfang an betrieben die Nationalsozialisten eine Blockadepolitik im Parlament. So musste Wilhelm Kahl seine Hoffnung auf eine grundlegende Strafrechtsreform begraben, da die Abgeordneten der NSDAP und der ebenfalls erstarkten Kommunistischen Partei Deutschlands (KPD) eine Zusammenarbeit im Strafrechtsausschuss ablehnten. Die Verweigerungshaltung der radikalen Kräfte und die wirtschaftliche Krise führten zu einer Reihe von Notverordnungen, die faktisch das Parlament entmachteten.

Während des gesamten Jahres 1931 radikalisierte sich das innenpolitische Klima. Auch der Juristentag blieb davon nicht unberührt. Der für den verhinderten Wilhelm Kahl amtierende Präsident Georg Wildhagen, Rechtsanwalt beim Reichsgericht in Leipzig und Präsident der Rechtsanwaltskammer beim Reichsgericht, ließ sich in seiner Begrüßungsansprache zu einer scharfen Kritik an einer Entscheidung des Haager Gerichtshofs hinreißen, der kurz zuvor die geplante deutsch-österreichische Zollunion für unzulässig erklärt hatte. „Es muß leider ausgesprochen werden", erklärte Wildhagen, „daß durch den Verlauf der Zollunionverhandlungen erneut unsere Ohnmacht gegenüber dem feindlichen Uebermut erschreckend zum Ausdruck kam. Der Gedanke des Anschlusses ist in weitere Ferne gerückt als je. Allein, es ist nicht aller Tage Abend. Der Uebermut unserer Feinde wird auch einmal seine Grenzen finden, und ihr Sieg vor dem Haager Weltgerichtshof ist ein Pyrrhussieg für das übermütige Frankreich. Einst wird kommen der Tag.... Die Weltgeschichte bleibt das Weltgericht."

Die Äußerung Wildhagens stieß bei den Mitgliedern des Deutschen Juristentages auf entschiedene Ablehnung. Noch während er sprach, wurden aus der Versammlung Zwischenrufe wie „Unerhört!", „Unglaublich!" laut. Am selben Tag musste Wildhagen in einer Presseerklärung seine Ausführungen zurücknehmen und ausdrücklich als persönliche Meinung darstellen, die er bedauere. Die Vertrauensmännerversammlung betonte in einem eigenen Beschluss die politische Neutralität des Juristentages. Im Berichtsband wurde der anstößige Passus der Wildhagen-Rede gestrichen. Die Episode zeigt, wie ernst der Deutsche Juristentag seinen Grundsatz nahm, sich rechts-, aber nicht parteipolitisch zu äußern. In Zeiten politischer Radikalisierung stand er damit allerdings auf verlorenem Posten.

Die ersten Monate der NS-Diktatur

Der 37. Deutsche Juristentag sollte vom 11. bis 14. September 1933 in München stattfinden. Als die Ständige Deputation im Februar 1933 in mehreren Fachzeitschriften offiziell einlud, waren die Vorbereitungen bereits weit fortgeschritten. Der gewohnte Ablauf wurde jedoch durch die politischen Ereignisse jäh gestört. Am 30. Januar 1933 hatte Reichspräsident Paul von Hindenburg den Vorsitzenden der NSDAP Adolf Hitler zum Reichskanzler ernannt. Nachdem die neue Regierung bereits die Presse- und Versammlungsfreiheit eingeschränkt hatte, setzte die unmittelbar nach dem Reichstagsbrand in Kraft getretene „Verordnung zum Schutz von Volk und Staat" vom 28. Februar 1933 zahlreiche Grundrechte der Reichsverfassung außer Kraft. Es kam zu ersten Ausschreitungen und Verhaftungswellen, die sich gegen Andersdenkende, politische Gegner und jüdische Bürger richteten. Mit dem am 23. März 1933 verabschiedeten Ermächtigungsgesetz stimmte der Reichstag seiner Selbstentmachtung zu. Regierung und Gesetzgebung lagen nun in den Händen der Nationalsozialisten. Innerhalb von nur zwei Monaten hatten die Nationalsozialisten die verfassungsmäßige Ordnung der Weimarer Republik untergraben.

Angesichts der Ereignisse entschloss sich Heinrich Triepel als Vorsitzender der Ständigen Deputation zum Handeln und beauftragte seinen Stellvertreter Ernst Wolff, die nächste Sitzung der Ständigen Deputation vorzuziehen. Das ursprünglich für den 11. Juni 1933 vorgesehene Treffen wurde auf den 29. April 1933 vorverlegt. Bis Ende April 1933 spitzte sich die Situation weiter zu. Das „Gesetz zur Wiederherstellung des Berufsbeamtentums" vom 9. April legitimierte die Säuberungspolitik der Nationalsozialisten. Zugleich begann das NS-Regime mit der „Gleichschaltung" der großen Juristenorganisationen. Der Deutsche Richterbund hatte sich ebenso wie der Deutsche Notarverein bereits im März freiwillig auf die Seite der Nationalsozialisten geschlagen. Der Deutsche Anwaltverein schwankte zwischen Anpassung und Widerstreben, ehe er durch Beschluss einer bereits weitgehend gleichgeschalteten Abgeordnetenversammlung im Mai 1933 korporativ dem NS-Juristenbund beitrat. Als umfassendste Berufsorganisation deutscher Juristen stand auch der Deutsche Juristentag im Visier des Bundes National-

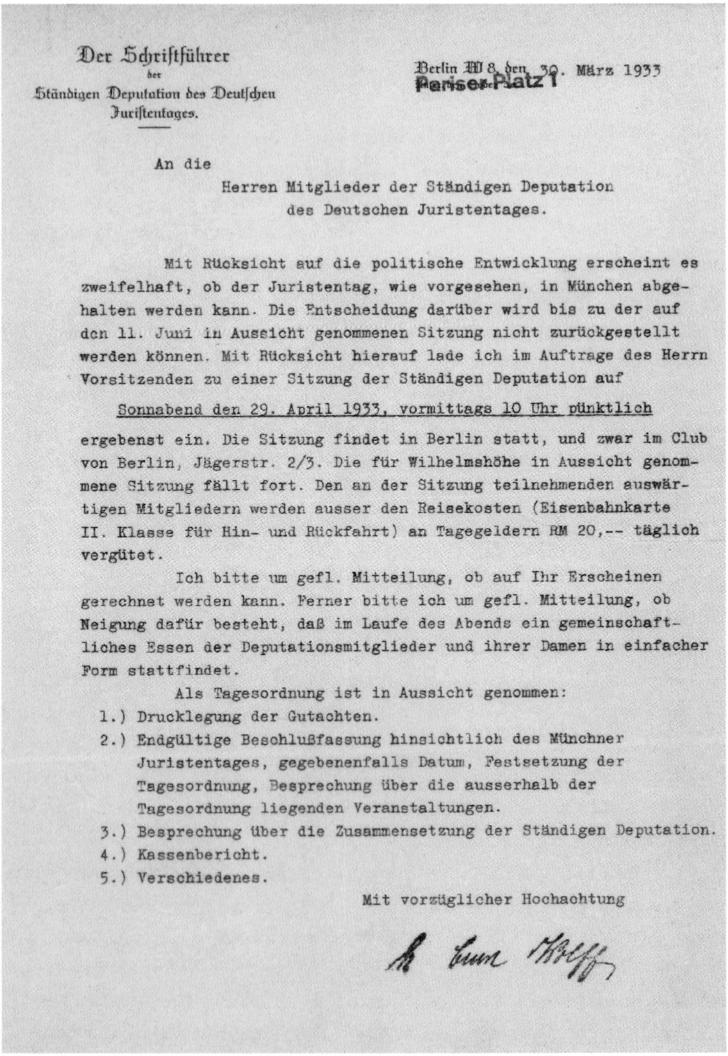

Der Schriftführer
der
Ständigen Deputation des Deutschen
Juristentages.

Berlin W 8, den 30. März 1933
Pariser Platz 1

An die

Herren Mitglieder der Ständigen Deputation
des Deutschen Juristentages.

Mit Rücksicht auf die politische Entwicklung erscheint es zweifelhaft, ob der Juristentag, wie vorgesehen, in München abgehalten werden kann. Die Entscheidung darüber wird bis zu der auf den 11. Juni in Aussicht genommenen Sitzung nicht zurückgestellt werden können. Mit Rücksicht hierauf lade ich im Auftrage des Herrn Vorsitzenden zu einer Sitzung der Ständigen Deputation auf

Sonnabend den 29. April 1933, vormittags 10 Uhr pünktlich

ergebenst ein. Die Sitzung findet in Berlin statt, und zwar im Club von Berlin, Jägerstr. 2/3. Die für Wilhelmshöhe in Aussicht genommene Sitzung fällt fort. Den an der Sitzung teilnehmenden auswärtigen Mitgliedern werden ausser den Reisekosten (Eisenbahnkarte II. Klasse für Hin- und Rückfahrt) an Tagegeldern RM 20,-- täglich vergütet.

Ich bitte um gefl. Mitteilung, ob auf Ihr Erscheinen gerechnet werden kann. Ferner bitte ich um gefl. Mitteilung, ob Neigung dafür besteht, daß im Laufe des Abends ein gemeinschaftliches Essen der Deputationsmitglieder und ihrer Damen in einfacher Form stattfindet.

Als Tagesordnung ist in Aussicht genommen:

1.) Drucklegung der Gutachten.
2.) Endgültige Beschlußfassung hinsichtlich des Münchner Juristentages, gegebenenfalls Datum, Festsetzung der Tagesordnung, Besprechung über die ausserhalb der Tagesordnung liegenden Veranstaltungen.
3.) Besprechung über die Zusammensetzung der Ständigen Deputation.
4.) Kassenbericht.
5.) Verschiedenes.

Mit vorzüglicher Hochachtung

„Mit Rücksicht auf die politische Entwicklung …". Brief von Ernst Wolff vom 30. März 1933 an die Mitglieder der Ständigen Deputation, die nächste Sitzung vorzuziehen.

sozialistischer Deutscher Juristen (BNSDJ), der gezielt die Konfrontation suchte: Im Frühjahr gab der NS-Juristenbund bekannt, seine 4. Reichstagung parallel zum Deutschen Juristentag in München abzuhalten.

„Lieber tot in Ehren als in Schande weiterbestehen …"

Die Repressionen der braunen Machthaber trafen auch die Repräsentanten des Deutschen Juristentages. Sieben der 24 Deputationsmitglieder waren jüdischer Herkunft. Hugo Sinzheimer, den der Juristentag 1931 in die Ständige Deputation gewählt hatte, war als Jude, Sozialdemokrat und Mitglied des Republikanischen Richterbundes im März 1933 in „Schutzhaft" genommen worden. Nach seiner Freilassung trat er am 3. April 1933 aus dem Juristentag aus und flüchtete in die Niederlande. Die Stimmung war gedrückt, als 16 der 24 Deputationsmitglieder zur Sondersitzung am 29. April 1933 zusammenkamen: Heinrich Triepel als Vorsitzender der Deputation und sein Stellvertreter Ernst Wolff sowie die Professoren Gerhard Anschütz, Alexander Graf zu Dohna, Julius Flechtheim, Gustav Radbruch, Alfred Wieruszowski, die Rechtsanwälte und Professoren Walther Fischer und Karl Geiler, die Oberlandesgerichtspräsidenten Wilhelm Kiesselbach und Karl Meyer, der Landgerichtspräsident Fritz Ernst, Oberreichsanwalt Ludwig Ebermayer, der ehemalige österreichische Handelsgerichtspräsident Friedrich von Engel, der österreichische Präsident des Abrechnungsgerichtshofs Gustav Walker und Reichsgerichtsrat Carl Wunderlich. Gegen eine Stimme fassten die Deputationsmitglieder den Beschluss, den 37. Juristentag auf unbestimmte Zeit zu verschieben. „Die Ständige Deputation des Deutschen Juristentages erachtet es für nicht angezeigt, inmitten einer noch völlig in Fluß befindlichen, grundlegenden Umgestaltung des deutschen Staats- und Rechtslebens einen juristischen Kongreß rein wissenschaftlichen Charakters abzuhalten", lautete die später veröffentlichte Erklärung. „Sie hat deshalb beschlossen, den Deutschen Juristentag, der für den September d. Js. [des Jahres] in München in Aussicht genommen war, zu vertagen. Zugleich bekennt sich der Deutsche Juristentag auch für die Zukunft zu der Aufgabe, getreu seiner Überlieferung an der Fortentwicklung des deutschen Rechts mit allen Kräften mitzuwirken."

„Durch Nationalsozialismus dem deutschen Volk das deutsche Recht." Kundgebung des nationalsozialistischen Deutschen Juristentages 1933 in Leipzig.

Gerade mit dem letzten Satz machte die Deputation deutlich, dass sie nicht bereit war, den Nationalsozialisten das Feld zu überlassen. Dieser Haltung entsprach auch der zweite weitreichende Beschluss, den die Ständige Deputation auf ihrer Sondersitzung fällte. Es ging um die Frage, ob die Deputation geschlossen zurücktreten oder ob einzelne Mitglieder, sei es aus religiösen oder politischen Gründen, ihr Amt niederlegen sollten. In den meisten anderen berufsständischen Organisationen war diese „Selbst-Säuberung" in Gang, wenn nicht schon vollzogen. Die Deputation entschied anders. Gegen eine Stimme lehnte sie den geschlossenen Rücktritt ab und entschied bei Stimmenthaltungen der jüdischen Kollegen Julius Flechtheim, Alfred Wieruszowski und Ernst Wolff sowie des Sozialdemokraten Gustav Radbruch, dass alle Mitglieder in der Deputation verbleiben sollten. „Lieber tot in Ehren als in der Schande weiter bestehen", kommentierte Alexander Graf zu Dohna diese Entscheidung.

Der nationalsozialistische Juristentag

Das einzige Mitglied, das gegen die Beschlüsse der Deputation gestimmt hatte, war der ehemalige Münchner Oberlandesgerichtspräsident Karl Meyer. Er gehörte der Deputation seit 1921 an und vertrat die Meinung, die Deputation solle geschlossen zurücktreten, man solle sich dem Geist der neuen Zeit nicht verweigern und den Münchner Juristentag in diesem Sinne abhalten. Da seine Ansicht keinen Widerhall fand, trat er unmittelbar nach der Sondersitzung aus der Ständigen Deputation und dem Juristentag aus, um sich dem BNSDJ anzuschließen.

Der BNSDJ hielt wie angekündigt seine große Reichstagung ab, allerdings nicht in München, sondern wie die vorigen Treffen in Leipzig. Hans Frank, für den der Deutsche Juristentag einen hohen Wert besaß, bediente sich nun selbst dieses Namens, indem er die BNSDJ-Tagung kurzerhand in „Deutscher Juristentag 1933" umbenannte. Mehr als 12.000 Juristen reisten nach Leipzig, darunter auch Karl Meyer, der in der Deutschen Juristenzeitung hymnisch darüber berichtete und als Dank für seinen Einsatz als einer von 150 Auserwählten in die am Ende dieses Juristentages errichtete nationalsozialistische „Akademie des Deutschen Rechts" berufen wurde.

Der nationalsozialistische Juristentag in Leipzig dokumentiert das bedingungslose Einschwenken der Mehrzahl der deutschen Juristen auf den NS-Staat. Als größte Juristenkundgebung aller Zeiten gefeiert – zur Schlusskundgebung mit Adolf Hitler kamen 20.000 Juristen –, schwor „Reichsrechtsführer" Hans Frank, der zugleich als bayerischer Justizminister und Reichsjustizkommissar amtierte, die Anwesenden auf Adolf Hitler ein. Es folgten Vorträge zahlreicher NS-Propagandisten, darunter auch des Staatsrechtlers Carl Schmitt, der hier seinen Einstand als „Kronjurist" des Dritten Reiches gab. Auf der Schlusskundgebung sprach Hitler selbst, dem Frank versicherte: „Sie können sich auf Ihre deutschen Juristen verlassen! Heil!"

Heinrich Triepel sah die Entscheidung der Ständigen Deputation durch den Verlauf des Leipziger NS-Juristentages erst recht als gerechtfertigt an. In einem letzten Rundschreiben an alle Mitglieder des Deutschen Juristentages erklärte er im Oktober 1933: „Der Verlauf der Leipziger Tagung des Bundes Nationalsozialistischer Deutscher Juristen hat bestätigt, daß die Aufgaben dieser Organisation sich von denen des ‚Deutschen Juristentages' wesent-

Heinrich Triepel (1868–1946)

lich unterscheiden. Die Ziele des ‚Deutschen Juristentages' können seiner Tradition entsprechend nur rein wissenschaftlicher Art sein. Wir haben im Frühjahr den für diesen Tag in Aussicht genommenen ‚Deutschen Juristentag' mit Rücksicht auf die noch völlig im Fluß befindliche grundlegende Umgestaltung des deutschen Staats- und Rechtslebens absagen müssen. Auch heute ist es noch nicht möglich, ein Programm für einen juristischen Kongreß rein wissenschaftlichen Charakters aufzustellen. Es ist auch noch nicht abzusehen, wann wir in der Lage sein werden, unsere Arbeiten wieder aufzunehmen. Mit Rücksicht darauf hat die ständige Deputation beschlossen, vorläufig keine Mitgliederbeiträge auszuschreiben."

Mitläufer, Dissidenten und die Auflösung des Deutschen Juristentages

Man kann davon ausgehen, dass auch zahlreiche Mitglieder des Deutschen Juristentages am Leipziger NS-Juristentag teilnahmen oder sich in anderer Form im NS-System engagierten. Genaue Aussagen sind schon deshalb nicht möglich, weil die Mitgliederlisten im Zweiten Weltkrieg vernichtet wurden. Nur die Namen der Deputationsmitglieder sind erhalten. Von ihnen haben vier als Mitläufer oder überzeugte Nationalsozialisten im NS-Staat Karriere gemacht, darunter Franz Schlegelberger, der als Staatssekretär und späterer kommissarischer Leiter des Justizministeriums zu den ranghöchsten Angeklagten des sogenannten Nürnberger Juristenprozesses der Nachkriegszeit zählte. Für fast alle anderen Deputationsmitglieder markierte die nationalsozialistische Machtergreifung, sofern sie sich nicht bereits im Ruhestand befanden, das Ende ihrer beruflichen Laufbahn. Gustav Radbruch war der erste deutsche Professor, der im Mai 1933 aufgrund des „Gesetzes über die Wiederherstellung des Berufsbeamtentums" seines Amtes enthoben wurde. Andere wurden entlassen, weil sie sich offen vom Nationalsozialismus distanzierten wie Wilhelm Kiesselbach, legten selbst ihre Professur nieder wie Gerhard Anschütz oder wurden aus dem Beruf gedrängt, weil ihre Ehefrau jüdischer Abstammung war, wie Heinrich Triepel und Karl Geiler. Von den jüdischen Mitgliedern starb Alfred Wieruszowski 1945 im Berliner Jüdischen Krankenhaus. Hugo Sinzheimer starb, nachdem er sich jahrelang im holländischen Untergrund versteckt hatte, kurz nach Kriegsende an Entkräftung. Die übrigen jüdischen Deputationsmitglieder konnten sich durch Emigration und Flucht der nationalsozialistischen Verfolgung entziehen, manche ihrer Familienmitglieder und Freunde wurden in deutschen Konzentrationslagern ermordet.

Dass sich mehr als Dreiviertel der Deputationsmitglieder – anders als die Mehrheit der deutschen Juristen – dem Nationalsozialismus verweigerten, kann man als bloßen Zufall ansehen. Die Haltung entsprach allerdings dem Selbstverständnis des Juristentages, das dieser seit seiner Gründung pflegte: politisch und weltanschaulich neutral, allein der Sache verpflichtet. „Die Politik immer nur im Dienste des Rechtes, das Recht nie die Magd der Politik", hatte Kahl noch 1921 gefordert. Die Deputation hat dieses Ideal

Berlin 1933: Jüdische Anwälte stehen vor der Anwaltskammer Schlange, nachdem sie von der NS-Regierung mit Berufsverbot belegt worden sind.

tatsächlich eingelöst. Bis zum erzwungenen Ende. Denn die Nationalsozialisten betrieben ihre Gleichschaltungspolitik konsequent weiter. Noch im Jahr 1933 hatten sich alle großen juristischen Fachvereinigungen dem BNSDJ angeschlossen und wurden bis zum Jahresende liquidiert. Nur der Deutsche Juristentag bestand weiter, machte – wenngleich auch nicht mehr öffentlich präsent – dem BNSDJ den Alleinvertretungsanspruch streitig und war einer der wenigen Vereine, der seinen jüdischen Mitgliedern nicht die Tür wies.

Der Forderung des BNSDJ, der Verein möge sich auflösen, widersetzte sich Heinrich Triepel trotz „peinlichster Unterredungen mit den Beauftragten des Ministers Frank“ allerdings beharrlich. Selbst als seine Lehrbefugnis 1935 nicht verlängert wurde, trat er weiter für den Erhalt des Deutschen Juristentages ein. Erst 1937 musste er den Kampf verloren geben. Kraft des „Gesetzes über Beamtenvereinigungen“ vom 27. Mai 1937 wurde der Deutsche Juristentag zwangsweise aufgelöst. Ironischerweise war es von Franz Schlegelberger unterzeichnet. Schon damals gab es Mutmaßungen, dass der zweite Absatz dieses Gesetzes, der sich auf „beamtete und nichtverbeamtete Rechtswahrer“ bezog, eigens auf den Juristentag gemünzt war. Jedweder Protest oder Widerspruch gegen die Auflösung schien daher zwecklos. So wurde der Deutsche Juristentag mit Wirkung zum 1. Juli 1937 liquidiert. Seine Rechtsnachfolge trat der Nationalsozialistische Rechtswahrerbund (NSRB) an, der auch sein Vermögen übernahm.

Die Mitglieder der Ständigen Deputation des Deutschen Juristentages im „Dritten Reich“

Name	Laufbahn bis 1933
Prof. Dr. Heinrich Triepel (1868–1946) Vorsitzender seit 1931 Deputationsmitglied seit 1921	Professor an den Universitäten Tübingen, Kiel und ab 1913 Berlin mit Fachgebiet Staats- und Völkerrecht. 1921/22 Gründer und bis 1933 Vorsitzender der Vereinigung Deutscher Staatsrechtslehrer. Mitglied der Deutschnationalen Volkspartei (DNVP), die er 1929/30 aufgrund ihres Rechtsrucks verließ.
Rechtsanwalt Dr. Ernst Wolff (1877–1959) Stellvertretender Vorsitzender Deputationsmitglied seit 1921	Rechtsanwalt und Notar in Berlin sowie seit 1925 Stellvertretender Präsident und von 1929 bis 1933 Präsident der Berliner Anwaltskammer. Zugleich Vorsitzender der Vereinigung der deutschen Anwaltskammervorstände.
Prof. Dr. Gerhard Anschütz (1867–1948) Deputationsmitglied seit 1924	Professor für öffentliches Recht an den Universitäten Tübingen, Heidelberg und Berlin. Ab 1908 dauerhaft in Heidelberg. Verfassungsrechtler und führender Kommentator der Weimarer Verfassung.
Prof. Dr. Alexander Graf zu Dohna (1876–1944) Deputationsmitglied seit 1926	1906 Professor in Königsberg; 1920 Ordinarius für Strafrecht und Strafprozessrecht in Heidelberg, ab 1926 Professor in Bonn. Mitglied der Nationalliberalen Partei (NLP), ab 1918 der Demokratischen Volkspartei (DVP). Kurze Zeit Mitglied des Reichstags.

Schicksal nach 1933

Triepels Ehefrau war jüdischer Abstammung. Er selbst trat mehrfach für jüdische Schüler und Kollegen ein. Obgleich er trotz Erreichen der Altersgrenze gerne weiter gelehrt hätte, wurde er 1935 von seinen Lehrverpflichtungen entbunden und musste die Berliner Universität verlassen.

Konnte trotz jüdischer Herkunft zunächst weiterarbeiten, da er während des Ersten Weltkriegs Soldat gewesen war. 1935 Entzug des Notariats, 1938 Berufsverbot als Rechtsanwalt. 1939 Flucht nach London, wo seine Ehefrau bei einem deutschen Bombenangriff starb. 1946 Rückkehr nach Deutschland. Im Zentral-Justiz-Amt für die Britische Zone tätig, ab Ende 1947 Vizepräsident, ab 1949 Präsident des Obersten Gerichtshofs für die Britische Zone. 1950 Honorarprofessor, 1952 bis 1958 Professor an der Universität Köln.

Legte als überzeugter Demokrat seine Professur nach der nationalsozialistischen Machtübernahme im März 1933 nieder. Nach dem Zweiten Weltkrieg Berater der britischen Militärregierung, Mitbegründer der Hessischen Verfassung.

Überzeugter Anhänger der Republik und Kritiker des NS-Regimes. 1939 Emeritierung, danach bis zu seinem Tod Lehrstuhlvertretung in Erlangen. Mehrfach denunziert wegen systemkritischer Äußerungen.

Name	**Laufbahn bis 1933**
Prof. Dr. Herbert Dorn (1887–1957) Deputationsmitglied seit 1921	Ab 1920 Karriere im Reichsfinanzministerium, Honorarprofessor an der Wirtschaftshochschule Berlin. Ab 1931 Präsident des Reichsfinanzhofs. Mitherausgeber von „Steuer und Wirtschaft".
Oberreichsanwalt i.R. Prof. Dr. Ludwig Ebermayer (1858–1933) Deputationsmitglied seit 1921	Reichsgerichtsrat, ab 1919 Senatspräsident am Reichsgericht in Leipzig, von 1921 bis 1926 Ober reichsanwalt. Ankläger im Hochverratsverfahren gegen die Kapp-Putschisten sowie im Prozess gegen die Mörder von Außenminister Walther Rathenau.
Handelsgerichtspräsident i.R. Friedrich von Engel (1867–1941) Deputationsmitglied seit 1921	Österreichischer Richter, ab 1918 Vizepräsident des Wiener Landgerichtes für Zivilrechtssachen. Ab 1920 Präsident des Handelsgerichtes. 1932 Eintritt in den Ruhestand. Herausgeber der „Mitteilungen der österreichischen Richtervereinigung".
Landgerichtspräsident Dr. Fritz Ernst (1875–1964) Deputationsmitglied seit 1931	Ab 1920 Landgerichtsdirektor in Berlin, 1929 Landgerichtspräsident in Allenstein (Ostpreußen), später Landgerichtspräsident in Frankfurt an der Oder; in den 1920er Jahren Vorsitzender des Preußischen Richtervereins.
Rechtsanwalt Prof. Dr. Walther Fischer (1883–1954) Deputationsmitglied seit 1931	Rechtsanwalt und außerplanmäßiger Professor an der Hamburger Universität; Mitglied des Vorstands der dortigen Rechtsanwaltskammer und des Deutschen Anwaltsvereins.

Schicksal nach 1933

Ende März 1934 aufgrund seiner jüdischen Abstammung in den Ruhestand versetzt, 1937 Emigration in die Schweiz, 1939 über Kuba in die USA, von 1947 bis 1952 Professor an der Universität Delaware.

Stark deutschnationale Einstellung. Lehnte eine Mitarbeit an der nationalsozialistischen Strafrechtsreform 1933 ab. Starb Ende Juni 1933.

Über sein Leben nach 1933 ist nichts bekannt.

1934 aus unbekannten Gründen noch vor Erreichung der Altersgrenze aus dem Richteramt ausgeschieden.

Nach 1945 Präsident der Vereinigung der Rechtsanwaltskammern in der Britischen Zone; von der britischen Militärverwaltung als Vertreter der Hamburger Universität in die Bürgerschaft berufen; 1946 Vizepräsident der Hamburger Bürgerschaft. Von 1946 bis 1949 Fraktionsvorsitzender der CDU. Mitglied des Hamburgischen Verfassungsgerichts.

Name	Laufbahn bis 1933
Prof. Dr. Julius Flechtheim (1876–1940) Deputationsmitglied seit 1921	Seit 1924 Honorarprofessor in Berlin, Leiter der Rechtsabteilung der IG Farben AG; Vorstandsmitglied des Reichsverbandes der deutschen Industrie.
Rechtsanwalt Prof. Dr. Karl Geiler (1878–1953) Deputationsmitglied seit 1931	Rechtsanwalt in Mannheim. Ab 1921 Privatdozent, ab 1929 ordentlicher Professor für Handels-, Wirtschafts- und Steuerrecht an der Heidelberger Universität.
Prof. Dr. Wenzeslaus Graf Gleispach (1876–1944) Deputationsmitglied seit 1921	Professor in Fribourg (Schweiz), Prag und von 1916 bis 1933 in Wien mit Fachgebiet Strafrecht. Der überzeugte Nationalsozialist wurde nach Etablierung der Dollfuß-Diktatur in Österreich 1933 in den Ruhestand versetzt.
Rechtsanwalt Dr. Max Hachenburg (1860–1951) Deputationsmitglied seit 1912	Seit 1885 Rechtsanwalt in Mannheim, von 1907 bis 1933 Mitglied des Vorstandes des Deutschen Anwaltsvereins, seit 1919 Vorsitzender des Anwaltsvereins Mannheim. Schriftleiter der Juristischen Wochenschrift. Einflussreicher Kommentator des HGB, zahlreiche Veröffentlichungen zum Wirtschafts- und Unternehmensrecht.
Rechtsanwalt Dr. Otto Haemmerle Deputationsmitglied seit 1928	Rechtsanwalt in Innsbruck, von 1921 bis 1935 Präsident der Tiroler Rechtsanwaltskammer. 1931 in die Ständige Deputation gewählt.
Prof. Dr. Ernst Heymann (1870–1946) Deputationsmitglied seit 1931	Professor in Berlin, Königsberg, Marburg und ab 1914 an der Friedrich-Wilhelm Universität in Berlin. Mitglied der Preußischen Akademie der Wissenschaften.

Schicksal nach 1933

Aufgrund seiner jüdischen Abstammung im September 1933 Entzug der Lehrbefugnis. Nach der Reichspogromnacht 1938 Emigration in die Schweiz.

Im August 1939 Amtsenthebung, da seine verstorbene Ehefrau unter die Nürnberger Rassegesetze fiel. 1945 von der amerikanischen Militärregierung zum Ministerpräsidenten von Hessen berufen.

Erhielt im Zuge der nationalsozialistischen Umgestaltung des Lehrkörpers 1933 einen Ruf an die Berliner Universität als Honorarprofessor.
Von 1935 bis 1943 Ordinarius. 1935 Mitglied der Kommission zur Erneuerung des deutschen Strafrechts. Vertreter einer nationalsozialistischen Rechtstheorie.

In der Reichspogromnacht 1938 wurden Hachenburgs Wohnung und Kanzlei verwüstet, sein Sohn wurde in ein Konzentrationslager verschleppt. Im Juni 1939 Flucht in die Schweiz, im August 1939 nach Großbritannien. Seine beiden Töchter, ein Schwiegersohn, ein Enkel und Schwager wurden in Konzentrationslagern ermordet. Im Mai 1946 Übersiedlung in die USA.

Über sein Leben nach 1935 ist nichts bekannt.

Von 1937 bis 1946 Leiter des Instituts für ausländisches und internationales Privatrecht. Gründungsmitglied des Ausschusses für Rechtsphilosophie in der nationalsozialistischen Akademie für Deutsches Recht. 1939 Autor einer Festschrift zum 50. Geburtstag des „Führers" Adolf Hitler.

Name	Laufbahn bis 1933
Oberlandesgerichtspräsident Dr. Wilhelm Kiesselbach (1867–1960) Deputationsmitglied seit 1931	Rechtsanwalt in Hamburg, in den 1920er Jahren deutscher Unterhändler bei den Verhandlungen über die US-amerikanischen Reparationsansprüche, ab 1929 Präsident des Hanseatischen Oberlandesgerichts.
Reichsminister a.D. Dr. Erich Koch-Weser (1875–1944) Deputationsmitglied seit 1931	Rechtsanwalt in Bremerhaven. Von 1920 bis 1930 Mitglied des Reichstags für die Deutsche Demokratische Partei (DDP), von 1924 bis 1928 Fraktionsvorsitzender. 1919 bis 1921 Reichsinnenminister, von 1928 bis 1929 Reichsjustizminister. Im Oktober 1930 Niederlegung des Reichstagsmandats.
Oberlandesgerichtspräsident i.R. Staatsrat Dr. Karl Meyer (1862–1937) Deputationsmitglied seit 1921	Von 1919 bis 1923 Staatsrat im bayerischen Justizministerium, später Oberlandesgerichtspräsident in München.
Prof. Dr. Gustav Radbruch (1878–1949) Deputationsmitglied seit 1926	Professor an den Universitäten Heidelberg, Königsberg und Kiel mit den Fachgebieten Strafrecht, Prozessrecht und Rechtsphilosophie. Von 1920 bis 1924 Reichstagsabgeordneter für die Sozialdemokraten. Von 1921 bis 1922 sowie 1923 Reichsjustizminister; eine dritte Berufung lehnte er ab. Ab 1926 Ordinarius in Heidelberg. Mitglied des Republikanischen Richterbundes.
Staatssekretär Dr. Franz Schlegelberger (1876–1970) Deputationsmitglied seit 1928	Ab 1914 Gerichtsrat am Kammergericht Berlin. Ab 1918 Laufbahn in der Reichsjustizverwaltung; 1927 Ministerialdirektor, ab 1931 Staatssekretär im Reichsjustizministerium. Ab 1922 Honorarprofessor an der Universität Berlin.

Schicksal nach 1933

Als Kritiker und Gegner des Nationalsozialismus 1933 im Zuge der „Gleichschaltung" amtsenthoben. 1945 von der britischen Militärregierung mit dem Neuaufbau der Justiz in Hamburg betraut. Erneut Präsident des Hanseatischen Oberlandesgerichts, von 1946 bis 1950 Justizpräsident und Leiter des neu geschaffenen Zentral-Justizamtes für die Britische Zone.

Wegen seiner jüdischen Herkunft emigrierte er Ende 1933 mit seiner Familie nach Brasilien. Im Bundesstaat Paraná gründete er die deutsche Kolonie „Rolândia" und erwarb eine Kaffeeplantage. Berater der brasilianischen Regierung.

Anhänger der Nationalsozialisten. Votierte auf der Sondersitzung der Ständigen Deputation für die Selbstauflösung des Juristentages. Wurde zum Mitglied der nationalsozialistischen Akademie des Deutschen Rechts ernannt.

Erster Professor, der am 8. Mai 1933 auf der Grundlage des „Gesetzes zur Wiederherstellung des Berufsbeamtentums" aus dem Staatsdienst entlassen wurde. 1935/36 Studienaufenthalt in Oxford. 1945 Wiederaufnahme der Lehrtätigkeit in Heidelberg; Autor zahlreicher Aufsätze, die die Entwicklung des bundesrepublikanischen Rechts beeinflussten.

Blieb auch nach der nationalsozialistischen Machtübernahme Staatssekretär im Reichsjustizministerium unter Minister Franz Gürtner. Nach dessen Tod von 1941 bis 1942 kommissarischer Justizminister. 1946 ranghöchster Angeklagter im Nürnberger Juristenprozess. Wegen Verschwörung zur Begehung von Kriegsverbrechen und Verbrechen gegen die Menschlichkeit zu lebenslanger Haft verurteilt. 1951 wegen Haftunfähigkeit aus dem Kriegsverbrechergefängnis Landsberg entlassen.

Name	Laufbahn bis 1933
Prof. Dr. Hugo Sinzheimer (1875–1945) Deputationsmitglied seit 1931	Seit 1903 Rechtsanwalt und Notar in Frankfurt am Main; von 1920 bis 1933 Professor für Arbeitsrecht an der Frankfurter Universität. Mitglied der SPD. Mitglied der Verfassungsgebenden Nationalversammlung. Mitbegründer der Akademie für Arbeit. Herausgeber der Zeitschrift „Arbeitsrecht" und „Die Justiz". Mitglied des Republikanischen Richterbundes. Von 1917 bis 1933 Stadtverordneter in Frankfurt am Main.
Präsident des Abrechnungsgerichtshofs Prof. Dr. Gustav Walker (1868–1944) Deputationsmitglied seit 1926	Laufbahn im österreichischen Justizdienst; 1910 Leiter der internationale Abteilung im Justizministerium, 1921 Präsident des Abrechnungsgerichtshofs. Ab 1923 ordentlicher Professor an der Universität Wien mit Spezialgebiet internationales Privatrecht. 1926 Präsident der International Law Association. Ab 1930 Mitglied des österreichischen Verfassungsgerichtshofs.
Senatspräsident i.R. Prof. Dr. Alfred Wieruszowski (1857–1945) Deputationsmitglied seit 1924	Ab 1884 Richter, 1906 Oberlandesgerichtsrat in Köln, 1921 Senatspräsident. Fachgebiete Eherecht und Schiedsgerichtswesen. Ab 1920 Professor an der Kölner Universität.
Reichsgerichtsrat Dr. Carl Wunderlich (1875–1935) Deputationsmitglied seit 1928	Landgerichtsdirektor in Leipzig, kommissarischer Leiter des Landesarbeitsgerichts. Mitglied der DVP im sächsischen Landtag. Anfang der 1930er Jahre Reichsgerichtsrat am 3. Zivilsenat des Leipziger Reichsgerichts.

Schicksal nach 1933

Als Sozialdemokrat und Jude wurde er im März 1933 in Schutzhaft genommen. Verbot seiner Tätigkeit als Professor und Anwalt. Noch 1933 Emigration in die Niederlande, dort Übernahme einer Professur in Amsterdam, später in Leiden für Arbeitsrecht und Rechtssoziologie. 1940 nach dem deutschen Einmarsch in die Niederlande erneut vier Monate in Gefangenschaft, danach von 1942 bis 1945 untergetaucht. Er hielt sich mit seiner Lebensgefährtin bei holländischen Freunden in einer Dachkammer verborgen und starb kurz nach der Befreiung an Entkräftung.

Ab 1934 Staatsrat, 1938 aus unbekannten Gründen zwangspensioniert. 1956 wurde in Wien (Donaufeld) eine Gasse nach ihm benannt.

Jüdischer Herkunft. Seine vier Töchter emigrierten 1933 in die USA. Er verzichtete im April 1933 darauf, weiter Vorlesungen an der Kölner Universität zu halten. Entging mit seiner Frau im September 1944 nur knapp der drohenden Deportation. Kurz darauf von der Gestapo aus seinem Haus gewiesen, Flucht zur ehemaligen Haushälterin nach Dresden. Starb im Februar 1945 im Jüdischen Krankenhaus in Berlin.

Richter am Reichsgericht bis zu seinem Tod 1935.

Kapitel 3

Rechtspolitik in der Bundesrepublik 1945–1989

djt
53.
Deutscher
Juristentag

Der Deutsche Juristentag hat die Entwicklung der Bundesrepublik Deutschland von Anfang an begleitet und geprägt. In den ersten Jahren unterstützte er den Aufbau des demokratischen Rechtsstaats und half, dessen Verfassungsgrundsätze im Rechtsbewusstsein der Bevölkerung zu verankern. Mit dem Wandel der politischen Kultur in der Bundesrepublik seit Mitte der 1960er Jahre änderte sich auch das Selbstverständnis des Juristentages: Aus der rechtsstabilisierenden Vereinigung wurde ein rechtspolitisches Forum der Diskussion und Erneuerung. Zugleich wandelte sich der Juristentag intern, indem er seine Strukturen demokratisierte und sich verstärkt allen juristischen Berufsgruppen wie auch jungen Juristen öffnete. Die Folge war ein rasanter Mitgliederzuwachs, der bis Ende der 1980er Jahre anhielt.

Plenum des 53. Deutschen Juristentages in Berlin 1980.

Die zweite Gründung

Deutschland war noch in vier Besatzungszonen geteilt, als sich vom 30. September bis zum 1. Oktober 1947 Juristen aus den drei Westzonen, Vertreter der britischen, US-amerikanischen und französischen Militärregierungen sowie ausländische Rechtsexperten in Bad Godesberg trafen. Eingeladen hatte der Präsident des Zentral-Justizamtes der Britischen Zone, Wilhelm Kiesselbach. Es ging um die Erörterung aktueller Rechtsprobleme, aber auch um Grundsätzliches. So forderte Kiesselbach in seiner Begrüßungsansprache, die Verbindung mit den Zeiten vor 1933 nicht zu verlieren: „Wo immer das Vergangene unseres Rechtslebens wertvoll ist, wollen wir es hochhalten und der Vergangenheit entreißen. Das gilt auch, wenn möglich, von unserem einst so stolzen Deutschen Juristentag, der alle deutschen Juristen zu gemeinsamer Arbeit und zu gemeinsamem Austausch vereinigt und damit unserem Rechtsleben hervorragend gedient hat."

Die Wirkung von Kiesselbachs Worten war so groß, dass die rund 150 versammelten Juristen noch auf der Tagung die vier anwesenden Mitglieder der letzten Deputation – neben Kiesselbach waren dies Walther Fischer, Karl Geiler und Ernst Wolff – beauftragten, die Wiederbegründung des Deutschen Juristentages vorzubereiten.

Kiesselbach übernahm den Vorsitz dieser Rumpf-Deputation, die sich in der Folgezeit durch Kooptation erweiterte und das Projekt vorantrieb. Nach anderthalb Jahren war es dann so weit: Am 29. April 1949 kamen in Hattenheim am Rhein 13 Deputationsmitglieder zur „Gründungssitzung" des Deutschen Juristentages zusammen, der als rechtsfähiger Verein neu entstehen sollte. Auf den Tag genau waren 16 Jahre seit der letzten Sitzung der Ständigen Deputation vergangen. Nicht ohne Stolz erinnerte Kiesselbach in einer Rede an die damaligen Mitglieder und das mutige Bekenntnis des Grafen Dohna.

Noch in Hattenheim bestimmten die Mitglieder der Ständigen Deputation aus ihrer Mitte einen geschäftsführenden Ausschuss: Da Kiesselbach sich aus Altersgründen zurückziehen wollte, wählten sie Ernst Wolff zu ihrem Vorsitzenden, inzwischen Präsident des Obersten Gerichtshofs für die Britische Zone. Wolff, der vor 1933 Vorsitzender der Berliner Anwaltskammer und der Vereinigung der deutschen Anwaltskammervorstände gewesen

Ernst Wolff (1877–1959)

war sowie lange Jahre als stellvertretender Vorsitzender der Deputation amtiert hatte, verkörperte mit seiner Erfahrung und seinem Aufbauwillen wie kein anderer den Brückenschlag zwischen Vergangenheit und Zukunft des Deutschen Juristentages. 1939 als Jude aus Deutschland geflüchtet, war es ihm ein echtes Anliegen, den Deutschen Juristentag wieder an seine frühere Bedeutung heranzuführen. Wolffs Stellvertreter wurde Herbert Ruscheweyh, vormals Rechtsanwalt in Hamburg, Sozialdemokrat und seit 1948 Präsident des Deutschen Obergerichts für das Vereinigte Wirtschaftsgebiet in Köln sowie Präsident des Hanseatischen Oberlandesgerichts in Hamburg.

Die Ständige Deputation hatte sich viel vorgenommen: Die Gründung als rechtsfähiger Verein wie auch die neuen Zeiten erforderten Änderungen an der Satzung. Dringlich schien es zudem, den Juristentag wieder ins Bewusstsein der Öffentlichkeit zu rücken, weitere angesehene Juristen für die Deputation und möglichst viele Mitglieder zu gewinnen. Dazu sollte die Neugründung des Deutschen Juristentages in den führenden Rechtszeitschriften bekannt gegeben und noch 1949 ein erster außerordentlicher Juristentag abgehalten werden. Weil Ernst Wolff und Herbert Ruscheweyh ihren Amtssitz in Köln hatten, wurde die Rheinmetropole nicht nur zum Sitz des neuen Vereins bestimmt, sondern auch zum Veranstaltungsort des 37. Deutschen Juristentages.

Der erste Nachkriegsjuristentag 1949

Der erste Deutsche Juristentag der Nachkriegszeit war schon logistisch eine Herausforderung. Die Vorbereitungszeit war extrem kurz, an eine themenreiche Tagung mit Einholung von Gutachten nicht zu denken. Zentrale Verkehrswege waren immer noch gesperrt, die Unterbringung und Verpflegung in der weitgehend zerstörten Domstadt ein großes Problem. Daher hatte man sich auf eine eintägige Veranstaltung geeinigt. Nur ein Thema stand auf der Tagesordnung: „Die Rechtspflege im Bonner Grundgesetz". Zwei Vorträge wurden gehalten. Es ging darum, ein Zeichen zu setzen und seine „Visitenkarte" abzugeben, wie Ernst Wolff es ausdrückte.

Ungeachtet der äußeren Widrigkeiten kamen 350 Juristinnen und Juristen sowie Gäste und Vertreter der drei westlichen Militärregierungen am 17. September 1949 im Kölner Gürzenich zusammen. Die Mitglieder erweiterten und bestätigten die erste Ständige Deputation des neu gegründeten Deutschen Juristentages, der mit der ehemaligen Reichstagsabgeordneten und jetzigen Berliner Stadtverordneten Marie Elisabeth Lüders erstmals auch eine Frau angehörte. Damit sich die Deputation immer wieder erneuerte, wurde in der neuen Satzung das regelmäßige Ausscheiden eines Drittels der Mitglieder bei einmaliger Wiederwahl beschlossen. Darüber hinaus vereinigte man das Amt des Vorsitzenden der Deputation mit dem des Präsidenten der Juristentage. Trotz des Neuanfangs wurde die Kontinuität betont: „Der Zweck des Vereins“, hieß es in der neuen Satzung, „ist, in Fortführung der Tradition des 1860 gegründeten deutschen Juristentages auf wissenschaftlicher Grundlage einen lebendigen Meinungsaustausch auf allen Gebieten des Rechts und einen persönlichen Verkehr unter den deutschen Juristen herbeizuführen und vornehmlich für die Erhaltung und Fortbildung eines einheitlichen Rechts in Deutschland zu wirken.“

Noch war die Bundesrepublik nicht gegründet und ungewiss, welche Entwicklung das geteilte Deutschland nehmen würde. Doch eines war klar: „Wir dürfen den Umstand“, erklärte Ernst Wolff in seiner Begrüßungsrede, „daß der Deutsche Juristentag gerade um diese Zeit wieder zusammentritt, wo die Bundesrepublik Deutschland ihre ersten zögernden Schritte ins Leben tut, als ein Symbol dafür auffassen, daß der Deutsche Juristentag an seinem Teile dazu mitwirken wird, daß der junge deutsche Staat auf den Fundamenten von Recht, Freiheit und Ordnung errichtet werde.“

Im geteilten Deutschland

Die Zweistaatlichkeit Deutschlands und die erhoffte Wiedervereinigung gehörten zu den prägenden Themen des neu begründeten Deutschen Juristentages. Trotz der deutschen Teilung blieb die Verbundenheit mit dem ehemaligen Sitz Berlin groß und der Juristentag war stets darauf bedacht, immer auch einige Westberliner Juristen in die Ständige Deputation zu wählen.

Schon im Oktober 1949 überbrachte Marie Elisabeth Lüders als Stadträtin von Berlin „sehr dringend“ eine Einladung des Berliner Oberbürgermeisters und Magistrats. Ein Treffen in Berlin war zu diesem Zeitpunkt jedoch weder verkehrstechnisch noch finanziell möglich. Stattdessen kam es im Mai 1952 zur sogenannten Berliner Kundgebung des Juristentages, einer Vortragsveranstaltung, auf der Ernst Wolff zum letzten Mal präsidierte. Wolff betonte die innere Verbundenheit des Juristentages mit Berlin und sprach sich mit Blick auf die DDR für die Einheit des deutschen Rechts, die Würde und die Unabhängigkeit der deutschen Gerichte aus. Auch der Berliner Justizsenator Valentin Kielinger betonte das „eine Ziel“, „wieder herzustellen und wieder neu zu schaffen das einheitliche Recht in einem einheitlichen und freien Deutschland“. Die Vorträge von Hermann Weinkauff,

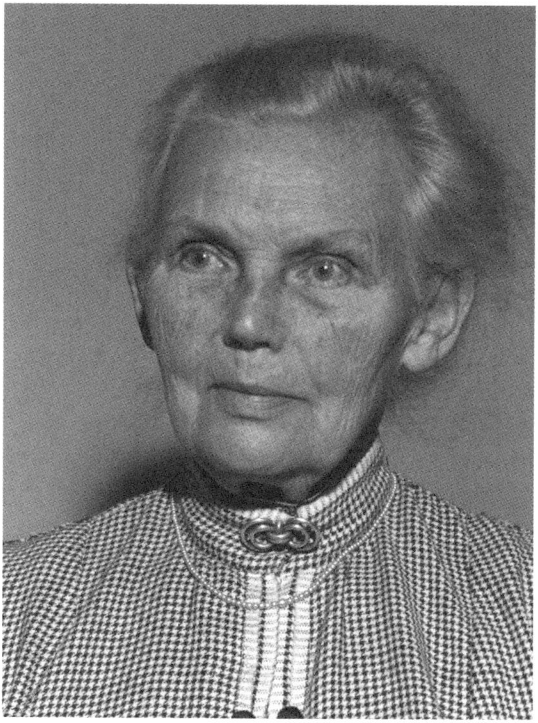

Marie Elisabeth Lüders (1878–1966)

dem Präsidenten des Bundesgerichtshofs in Karlsruhe, und den Professoren Walter Gustav Becker und Richard Lange kreisten um das Thema Rechtstaatlichkeit, wurde dieser Begriff doch zunehmend als zentrales Unterscheidungsmerkmal zum kommunistischen System benutzt.

In diesem Sinne äußerte sich auch Bundespräsident Theodor Heuss, als er 1955 den ersten Nachkriegsjuristentag in Berlin eröffnete. „Gerade Berlin", so Heuss, „bringt uns das Ineinander von rechter Staatlichkeit und staatlicher Rechtlichkeit ins Bewußtsein. Das hat mit der äußeren Formgebung der öffentlichen Ordnung nicht sehr, aber mit ihrem inneren Ethos alles zu tun. Möge es auch Ihre Beratungen durchwirken."

Wiederaufbau und „Vergangenheitspolitik"

Am Aufbau der Bundesrepublik mitzuwirken, wurde zur zentralen Aufgabe des Deutschen Juristentages in der Nachkriegszeit. Recht, Freiheit und Ordnung, wie sie Ernst Wolff aufgezählt hatte, standen dabei im Zentrum – eine Trias, die zugleich die Abgrenzung vom NS-Unrechtsstaat zum Ausdruck brachte. Gerade den Juristen obliege es, so Wolff, der „Allgegenwart der Gewalt" nun die „Allgegenwart des Rechts" entgegenzusetzen. Den Anspruch, einen demokratischen Rechtsstaat aufzubauen, zeigten auch die Themen des Juristentages. Nachdem sich der Kölner Juristentag von 1949 vor allem den Gerichten gewidmet hatte, ging es auf dem 38. Juristentag in Frankfurt am Main um die „Verfassungsrechtliche Stellung und innere Ordnung der Parteien", wobei sich der Juristentag ausdrücklich für die Parteien und ihre demokratische Organisation sowie die Verabschiedung eines Parteiengesetzes aussprach. Ein weiteres Thema war die wehrhafte Demokratie. Dabei ging es um die Frage „Welche strafrechtlichen Normen empfehlen sich zum Schutze des Staates?". In die gleiche Richtung zielte der von Erich Kaufmann gehaltene Festvortrag auf dem 39. Deutschen Juristentag 1951 in Stuttgart mit dem Titel „Die Grenzen des verfassungsmäßigen Verhaltens nach dem Bonner Grundgesetz". Zum Neubeginn gehörte auch die Beseitigung des NS-Rechts aus den Gesetzbüchern, insbesondere aus dem Strafgesetzbuch.

Eine über die legislative Korrektur hinausgehende, direkte Auseinandersetzung mit der NS-Justiz unterblieb indes. Zwar sprach Ernst Wolff im Hinblick auf die Vergangenheit bereits 1949 in Köln die Hoffnung aus, dass sich der Juristentag als „das Rechtsgewissen des deutschen Volkes" bewähren möge, und stellte die Frage, „ob nicht auch die deutschen Juristen und insonderheit auch die Mitglieder des Deutschen Juristentages einen Teil der Verantwortung für den Zusammenbruch des Rechts tragen". Ebenso wurde in den folgenden Jahren in vielen Beiträgen und Reden auf die Verantwortung der Juristen verwiesen. Doch in der Regel blieb es beim Appell. Eine Auseinandersetzung mit der Vergangenheit des Juristenstandes unterblieb, insbesondere mit der Tatsache, dass Juristen als Teil des nationalsozialistischen Systems in der Justiz, in Behörden und Ämtern als Anwälte und Notare sowie in Forschung und Lehre die NS-Diktatur mitgetragen und propagiert hatten. Hingegen konnten Teile der Deputation – ganz im Trend der Zeitstimmung – die Errichtung eines Ausschusses zur Untersuchung der alliierten Kriegsverbrecherprozesse durchsetzen, der allerdings nie einen Bericht vorlegte und 1957 von Herbert Ruscheweyh aufgelöst wurde. Grundsätzlich stand wie in anderen gesellschaftlichen Bereichen auch im Rechtswesen der Wiederaufbau im Vordergrund. Zudem wurde die Beschäftigung mit den Opfern und Tätern der NS-Justiz schon bald durch den Kalten Krieg verdrängt.

Gleiche Rechte für Mann und Frau

Über seine Beschäftigung mit der rechtsstaatlichen und freiheitlichen Begründung der Bundesrepublik hinaus hat sich der Juristentag in den 1950er Jahren auch mit vielen anderen Grundsatzfragen beschäftigt. Dazu zählte die Überarbeitung und Reform des Strafrechts, ebenso wie das Thema Gleichberechtigung der Frau, das auf dem Frankfurter Juristentag 1950 verhandelt wurde. Nach harten Kämpfen der Frauen in der verfassungsgebenden Versammlung hatte das Grundgesetz hier mit Artikel 3, Absatz 2 „Männer und Frauen sind gleichberechtigt" eindeutige Vorgaben gemacht. Die Gesetzgebung allerdings blieb noch weit hinter dem Gleichheitsgrundsatz zurück. Das Ende des 19. Jahrhunderts konzipierte BGB war weiterhin geltendes Recht und begründete die Vormachtstellung des Mannes nicht nur im Güter-, Vormundschafts- und Elternrecht, sondern auch in Zweifelsfällen durch den Generalparagraphen 1354, Satz 1: „Dem Manne steht die Entscheidung in allen das gemeinschaftliche eheliche Leben betreffenden Angelegenheiten zu [...]."

Gegen das veraltete Ehe- und Familienrecht lief der Juristentag Sturm. Auch im Hinblick auf das Beamten- und Steuerrecht forderten die versammelten Juristinnen und Juristen die gleichen Rechte für Mann und Frau. Unter den Anwesenden war auch die eigens aus den USA angereiste Marie Munk, die bereits auf den Juristentagen der Weimarer Republik für die Gleichberechtigung der Frau gekämpft hatte. Die aktuelle Diskussion war keinesfalls überflüssig, war doch etwa im Neuentwurf der Adenauer-Regierung zum Beamtenrecht immer noch die aus dem 19. Jahrhundert

Erna Scheffler (1893–1983)

stammende Zölibatsklausel vorhanden, nach denen eine Beamtin entlassen werden konnte, sobald sie heiratete – eine Regelung, die von Regierungsseite insbesondere mit dem Hinweis auf den Zustrom stellensuchender männlicher Flüchtlinge aus dem Osten begründet wurde.

Der Juristentag bezeichnete die Zölibatsklausel als grundgesetzwidrig. Er setzte sich für eine Streichung des Paragraphen 1354 ein, für ein gemeinsames Vormundschafts- und Elternrecht sowie in direktem Verweis auf das schon auf dem Heidelberger Juristentag 1924 beschlossene Güterrecht der Zugewinngemeinschaft. Die Verwaltungsrichterin Erna Scheffler, seit 1950 Mitglied der Ständigen Deputation, hielt dazu einen Vortrag. Doch wie schon früher war auch diesmal der Juristentag seiner Zeit voraus. Obgleich das Grundgesetz eine Frist bis 1953 gesetzt hatte, um das Gleichberechtigungsgebot umzusetzen, kam der Gesetzgeber dem nicht nach. Schließlich musste das Bundesverfassungsgericht nachhelfen, dem seit 1951 auch Erna Scheffler als erste Bundesverfassungsrichterin angehörte.

Verankerung und Professionalisierung

Über seine Beschäftigung mit Verfassungsfragen hinaus hat der Juristentag auch auf dem Gebiet des Arbeits- und Wirtschaftsrechts grundsätzliche Verhandlungen geführt, so zur Gestaltung der Unternehmensformen, zur Regelung der Allgemeinen Geschäftsbedingungen und zum Konzern- und Aktienrecht. Mit dieser Fokussierung auf Grundsatzthemen hat der Juristentag viel zum Aufbau des bundesrepublikanischen Rechtssystems und dessen Akzeptanz in der Gesellschaft beigetragen. Ernst Wolff und sein Nachfolger Herbert Ruscheweyh haben durch ihre vielfältigen Aktivitäten und Kontakte auch den Juristentag selbst wieder im Bewusstsein der Öffentlichkeit verankert, ihn gegenüber der Exekutive als rechtliche Autorität etabliert. Zwar gab es im Gegensatz zur Vorkriegsära keine personellen Verflechtungen mehr mit der Politik. Aber die enge Zusammenarbeit mit ihr manifestierte sich seit 1950 im regelmäßigen Besuch des jeweiligen Justizministers, der über die aktuellen Gesetzesvorhaben berichtete, wie auch in der Mitgliedschaft eines Mitarbeiters des Bundesjustizministeriums in der Ständigen Deputation. Nicht mehr existent war die vormals so enge Zusammenarbeit mit den österreichischen Juristen: Sie gründeten 1959 ihren eigenen Österreichischen Juristentag.

Die wachsende Bedeutung des Deutschen Juristentages ließ sich ebenfalls an seinen Mitgliederzahlen ablesen. Zählte der Verein Anfang 1950 gerade einmal 242 Mitglieder, so stieg ihre Zahl bis Anfang 1955 auf 911, um sich in den nächsten drei Jahren auf 1.724 Mitgliedern fast zu verdoppeln. Auch die anfangs noch prekäre Finanzlage verbesserte sich kontinuierlich. Obgleich sich der Deutsche Juristentag ohne feste staatliche Zuschüsse aus Spenden finanzierte, konnten ab 1953 wieder Gutachten in Auftrag gegeben und die entsprechenden Bände gedruckt werden. Anfang 1958 betrug der Kassenstand mehr als 48.000 Mark.

Herbert Ruscheweyh mit Bundespräsident Theodor Heuss auf dem 41. Deutschen Juristentag in Berlin 1955.

Mit dem Zuwachs an Mitgliedern und der erneuten Drucklegung der Tagungsbände stieg der organisatorische Aufwand erheblich an. Ernst Wolff und der geschäftsführende Ausschuss der ersten bundesrepublikanischen Juristentage hatten die Vereinsarbeit noch selbst mit tatkräftiger Unterstützung des damaligen Privatdozenten und späteren Professors Gerhard Kegel bewältigt. Mitte der 1950er Jahre war das nicht mehr möglich. Vor diesem Hintergrund erwies sich die Präsidentschaft Ruscheweyhs als Glücksfall, da er als Präsident des Hanseatischen Oberlandesgerichts über personelle wie räumliche Ressourcen verfügte und für den Juristentag eine eigene Registratur einrichten konnte. Ab 1953 übernahm die sogenannte Hamburger Stelle sämtliche organisatorischen Aufgaben, die im Rahmen der Mitgliederverwaltung, der Drucklegung und der Juristentage anfielen. Die zentrale Koordination wurde von den Referenten Herbert Ruscheweyhs übernommen – Walter Reimers und Jan Albers, Wilhelm Röhl und Hans-Joachim Kurland, die sich neben ihren beruflichen Aufgaben als Richter ehrenamtlich für den Juristentag engagierten. Das bedeutete in den Hochphasen rund um die Juristentage Arbeit bis tief in die Nacht. Nicht immer lief es dabei reibungslos, aber die Kunst der Improvisation machte viel vom „Charme der Hamburger Stelle“ aus, wie Ruscheweyh nachträglich bemerkte.

Vom Ablauf her ähnelten die Juristentage der Nachkriegszeit ihren Vorgängern. Allerdings hatten sie als zusätzliches Element einen regelmäßigen Festvortrag ins Programm aufgenommen sowie als Vorgabe der Satzung die Mitgliederversammlung. Unter Ruscheweyh kamen als neue Tagungselemente noch das Streitgespräch und die lockerer gestalteten Arbeitsgemeinschaften hinzu, bei denen im Gegensatz zu den regulären Abteilungen die Themen nicht durch Gutachten vorbereitet waren und die Versammlung nur diskutieren und auf eine Beschlussfassung verzichten konnte.

Am Wendepunkt

Zu den glanzvollsten Juristentagen gehörte die Jubiläumsveranstaltung 1960 in München, zu der zahlreiche Ehrengäste erschienen, darunter die Justizminister der Bundesrepublik Deutschland und Österreichs sowie der bayerische Ministerpräsident. Die Münchner Philharmoniker spielten.

Wieder behandelten die anwesenden Juristen Großthemen: die kommende Strafrechtsreform, die Einwirkung verfassungsrechtlicher Normen auf das System der sozialen Sicherheit, die Kodifizierung des Allgemeinen Teils des Verwaltungsrechts, den Einfluss des kollektiven Arbeitsrechts auf das Einzelarbeitsverhältnis. Ruscheweyh hob in seiner Begrüßung grundsätzliche Werte der Rechtskultur hervor, wie die Unabhängigkeit des Richters oder das Gesetz von der Gleichheit und Würde der Persönlichkeit, die durch die Arbeit des Deutschen Juristentages gefördert und gepflegt worden seien, und forderte, sie auch in Zukunft fortzuentwickeln.

In München präsidierte Ruscheweyh zum letzten Mal. Zwei Jahre später, auf dem 43. Juristentag in Hannover, leitete Ernst Friesenhahn, Richter des Bundesverfassungsgerichts und Professor für öffentliches Recht an der Universität Bonn, die Versammlung. Der Wechsel an der Spitze ging einher mit einem Wandel der politischen Kultur in Westdeutschland. Um 1960 war die Aufbauphase der Bundesrepublik abgeschlossen. Sie war innerhalb der westlichen Demokratien verankert, hatte ihre Souveränität weitgehend wiedererlangt und galt als demokratischer und sozialer Rechtsstaat. Die Hochphase des Kalten Krieges war vorbei. Die Zweistaatlichkeit Deutschlands wurde immer mehr als Tatsache anerkannt. Der erfolgreiche Aufbau der Bundesrepublik gab den Blick frei für gesellschaftliche Veränderungen. Das galt auch für den Deutschen Juristentag, dessen neuer Präsident Anfang der 1960er Jahre eine Modernisierung in Gang setzte, die den Juristentag bis heute prägt.

Friesenhahn, der bei der Organisation des Juristentages von seinen Assistenten an der Bonner Universität, den späteren Professoren Jochen Frowein und Hans Meyer unterstützt wurde, reformierte insbesondere die Strukturen des Juristentages. Seit 1962 kann nicht nur die Deputation, sondern auch jedes Mitglied Themenvorschläge einreichen. Friesenhahn reduzierte den wissenschaftlichen Meinungsaustausch auf ein grundsätzliches Gutachten pro Thema und startete eine Mitgliederoffensive. Inhaltlich traten neben die Grundsatzfragen und Debatten mehr praxisnahe oder dezidiert politische Themen wie etwa die schon 1962 aufgegriffene Reform des Rechts der unehelichen Kinder oder die auf dem Karlsruher Juristentag von 1964 geführte Diskussion zur Struktur der parlamentarischen Untersuchungsausschüsse.

Am deutlichsten wurde die kritisch-konstruktive Haltung in Bezug auf die „Vergangenheitspolitik". Für Friesenhahn war die Auseinandersetzung mit der NS-Geschichte der deutschen Juristen ein ernstes Anliegen. Schon 1962 hatte er in seiner Schlussansprache auf dem Hannoveraner Juristentag auf das nahe gelegene Konzentrationslager Bergen-Belsen verwiesen und hatte an den Spruch von Gustav Radbruch erinnert, dass Wissen und Gewissen den Juristen mache. Zum ersten Mal wurde nicht mehr abstrakt, sondern konkret von der besonderen Verantwortung der deutschen Juristen gesprochen und davon, so Friesenhahn, „dass wir mit der personellen und sachlichen Liquidation der Folgen des Unrechtsstaates noch nicht fertig geworden sind". Zwei Jahre später setzte er auf dem 46. Deutschen Juristentag in Essen die berühmt gewordene Veranstaltung zum juristischen Umgang mit nationalsozialistischen Gewaltverbrechen durch.

Die Königsteiner Klausurtagung

Im September 1964 sprach die Mannheimer Staatsanwältin Barbara Just-Dahlmann am Rande des Karlsruher Juristentages Ernst Friesenhahn an und bat ihn, die Rechtsprechung in Prozessen über nationalsozialistische Gewaltverbrechen zum Thema des nächsten Juristentages zu machen. Just-Dahlmann, die für die Ludwigsburger Zentralstelle zur Verfolgung von Verbrechen des Nationalsozialismus gearbeitet hatte, empörte vor allem die damals angewandte Gehilfen-Judikatur. Nach den Nürnberger Kriegsverbrecher-Prozessen durch die Alliierten hatte eine bundesdeutsche Strafverfolgung von NS-Tätern nur schleppend eingesetzt. Wenige Taten wurden juristisch verfolgt und geahndet. Gab es Verurteilungen, wurden viele NS-Täter – auch wenn sie grausamste Verbrechen direkt befohlen oder freiwillig begangen hatten – als Gehilfen verurteilt und kamen mit milden Strafen davon.

Friesenhahn teilte die Ansicht der Mannheimer Staatsanwältin. Er nahm sich des Themas an und schlug auf der Sitzung der Ständigen Deputation vom 12. Dezember 1964 vor, der Deutsche Juristentag möge sich mit der Problematik der NS-Prozesse befassen: „Die zum Teil skandalösen Urteile", so Friesenhahn, „forderten eine Stellungnahme der deutschen Juristen

Ernst Friesenhahn (1901–1984)

1901 in Oberhausen geboren, studierte Ernst Friesenhahn seit 1920 Nationalökonomie, dann Jura in Bonn. 1928 promovierte er bei Carl Schmitt, 1932 folgte die Habilitation für die Fächer Staats-, Verwaltungs-, Steuer- und Völkerrecht. Im März 1933 beantragte Friesenhahn die Aufnahme in die NSDAP und trat im November 1933 der SA bei. Doch bereits ein knappes Jahr später, wenige Monate nachdem Hitler die gesamte SA-Führung und zahlreiche alte Widersacher von der SS ermorden ließ, distanzierte er sich vom NS-Regime: Der bekennende Katholik trat aus der SA aus und zog seinen NSDAP-Mitgliedsantrag zurück. Damit war für ihn im „Dritten Reich" eine berufliche Karriere im Staatsdienst nicht mehr möglich. Er schlug sich als Dozent durch, wurde 1938 außerordentlicher Professor für Staats-, Steuer- und Verwaltungsrecht in Bonn und arbeitete später als freiberuflicher Anwalt insbesondere für Steuerrecht.

Das Ende des NS-Regimes eröffnete ihm berufliche Perspektiven. Im April 1946 ernannte ihn die Bonner Universität zum ordentlichen Professor für öffentliches Recht. Zweimal wurde er zum Dekan der juristischen Fakultät und 1950/51 zum Rektor der Bonner Universität gewählt. 1951 erhielt er seine Berufung an das Bundesverfassungsgericht nach Karlsruhe, wo er – neben seiner Lehrtätigkeit – bis 1963 als Verfassungsrichter tätig war. Friesenhahn, der auch nach seiner Emeritierung 1970 weiter Vorlesungen hielt, starb vielfach ausgezeichnet und geehrt 1984.

heraus." Die Diskussion unter den Deputationsmitgliedern verlief kontrovers. Friesenhahns Vorschlag, schon im Frühjahr oder Herbst 1965 ein vom Juristentag veranstaltetes Streitgespräch zu diesem Thema durchzuführen, traf auf Zustimmung wie auch Ablehnung. Da nicht ausreichend Zeit für eine Klärung blieb, wurde die Beschlussfassung auf die nächste Deputationssitzung am 23. März 1965 vertagt. Hier einigte man sich mit 18 gegen eine Stimme bei drei Enthaltungen auf die Kompromisslösung, zunächst eine Klausurtagung abzuhalten und es vorerst offen zu lassen, ob und in welcher Weise das Ergebnis dieser Tagung verwertet werden solle.

Die Klausurtagung fand vom 1. bis zum 3. April 1966 in Königstein bei Frankfurt statt. 17 Juristen und ein Historiker beteiligten sich daran, die Ständige Deputation hatte sie bewusst heterogen zusammengestellt. Praktiker verschiedener Richtungen wie die Generalstaatsanwälte Fritz Bauer und Hanns Dünnebier waren darunter, der Vorsitzende Richter des Frankfurter Auschwitz-Prozesses Hans Hofmeyer, Anwälte von NS-Tätern sowie der jüdische Rechtsanwalt Henry Ormond, der beim Auschwitz-Prozess Vertreter der Nebenkläger war. Hinzu kamen ältere und jüngere Strafrechtsprofessoren, ein Staatsanwalt der Zentralen Stelle in Ludwigsburg sowie der Historiker Hans Buchheim. Einige Mitglieder der Deputation, darunter Ernst Friesenhahn und Konrad Redeker, waren als Zuhörer zugegen.

Trotz kontroverser Diskussionen verabschiedeten die Tagungsteilnehmer einstimmig die sogenannte Königsteiner Entschließung. Darin verurteilten sie die häufige Praxis der Gehilfen-Rechtsprechung, bei der die verhängten Strafen „oft am unteren Rande der gesetzlichen Mindeststrafe liegen". Sie kritisierten, dass bei der Urteilsfindung in NS-Prozessen häufig Entschuldigungsgründe, hingegen aber Mordkriterien nicht hinreichend berücksichtigt würden, und gaben konkrete Vorgaben, wann ein Beschuldigter als Täter zu gelten hatte. All dies war eingebettet in die Forderung: „Die Bewährung der Rechtsordnung und der Schutz des menschlichen Lebens erfordern die Verfolgung und Bestrafung der NS-Gewaltverbrechen. Die Mitverantwortung der Gesellschaft für die geschehenen Verbrechen darf nicht dazu führen, daß gegenüber diesen Taten unangebrachte Milde geübt wird."

Der Essener Juristentag 1966

Die Königsteiner Entschließung wurde auf dem Essener Juristentag der Öffentlichkeit vorgestellt. Die Ständige Deputation hatte entschieden, sie mit einem Bericht Friesenhahns sowie einer Reihe von Kurzreferaten auf einer Sonderveranstaltung des Juristentages zu präsentieren. Sie sollte unter dem Titel „Probleme der Verfolgung und Ahndung von nationalsozialistischen Gewaltverbrechen“ am Nachmittag des Eröffnungstages stattfinden. Die Referate brachten statistische Angaben zu den NS-Verfahren, warfen Fragen des Prozessrechts und der Schuldminderung auf, problematisierten ein „irrationales Widerstreben“ gegen die Prozesse sowie das Verhältnis von Individualschuld und Mitverantwortung von Staat und Gesellschaft. Auf eine Diskussion hatte die Deputation bewusst verzichtet. Dass diese Vorsicht gerechtfertigt war, sollte sich bald zeigen. Nachdem bereits Mitglieder des Juristentages wegen der Sonderveranstaltung bei der Ständigen Deputation interveniert hatten, versuchten Vertreter der Landesjustizverwaltungen sie noch am Tag vor der Eröffnung des Juristentages abzusetzen und auf den nächsten Juristentag zu verschieben. Nur aufgrund des Einsatzes von Friesenhahn, der die Veranstaltung mit allen Mitteln verteidigte und erklärte, seinen Bericht nicht im Namen der Deputation, sondern in eigenem Namen zu halten, konnte die Veranstaltung schließlich stattfinden.

Friesenhahn ging auf den Unwillen der Öffentlichkeit wie auch vieler Juristen hinsichtlich der juristischen Aufarbeitung der NS-Verbrechen ein: „Sie möchten alles mit dem Mantel des Schweigens zudecken, weil sie glauben, die fortdauernde Erinnerung an jene grauenvollen Taten könnte die Zusammenführung des deutschen Volkes zu der Einheit hindern, die eine lebendige Demokratie braucht. [...] Aber meine Damen und Herren, der neue Anfang kann nur gelingen, wenn auch die furchtbaren Taten der Vergangenheit gesühnt werden. Wir können uns dieser Verantwortung für das Geschehene nicht entschlagen.“

Etwa 800 Juristinnen und Juristen nahmen in einem überfüllten Saal an der Veranstaltung teil und bedachten jedes Referat mit viel Beifall. Die Wirkung der Essener Sonderveranstaltung war groß. In Zeitungen und Fachpresse wurde viel darüber berichtet. Die Allgemeine Jüdische Wochenzeitung beurteilte sie als „erste ernsthafte Auseinandersetzung eines deut-

Konrad Redeker (geb. 1923)

1923 in Osnabrück geboren, wurde Redeker nach dem Abitur 1941 in Berlin zur Wehrmacht eingezogen und nahm als Infanterieoffizier am Zweiten Weltkrieg teil. 1944 geriet er in britische Kriegsgefangenschaft und wurde in der ägyptischen Wüste interniert. In der dort vom deutschen Staatsrechtler Hans Ulrich Scupin errichteten „Lageruniversität" begann Redeker sein Jurastudium, das er nach seiner Freilassung im Winter 1946/47 in Hamburg fortsetzte und 1951 mit der Promotion abschloss. 1954 wurde er als Rechtsanwalt in Bonn zugelassen, qualifizierte sich als Anwalt für Verwaltungsrecht und ging 1958 eine Praxisgemeinschaft mit dem bekannten Bonner Strafrechtler Hans Dahs ein.

Bundesweite Aufmerksamkeit erlangte Redeker 1959, als er die öffentliche Hand im sogenannten Schlegelberger-Prozess vertrat. Das Land Schleswig-Holstein hatte Franz Schlegelberger, der im Nürnberger Juristenprozess aufgrund seiner Tätigkeit im „Dritten Reich" zu lebenslanger Haft verurteilt worden war, seine Staatssekretärs-Pension aberkannt, wogegen dieser klagte. Redeker, der im Rahmen seiner Recherchen zum Prozess Kenntnis über die tiefe NS-Verstrickung zahlreicher deutscher Juristen gewann, verfasste zu diesem Thema 1964 einen Aufsatz in der Neuen Juristischen Wochenschrift, der zum Rücktritt des damaligen bayerischen Kultusministers Theodor Maunz führte – eines jener Juristen, die dem NS-Regime juristische Legitimität verschafft hatten. Redeker war Mitherausgeber der Neuen Juristischen Wochenschrift und von 1978 bis 1991 Honorarprofessor für öffentliches Recht an der Universität Bonn. Neben seiner Tätigkeit für den Deutschen Juristentag engagierte er sich lange Jahre im Vorstand des Deutschen Anwaltvereins und war von 1975 bis 1981 dessen stellvertretender Vorsitzender.

Empfang der Ständigen Deputation des Deutschen Juristentages im Rathaus von Celle im November 1968. Die Mitglieder hielten dort unter dem Vorsitz von Konrad Redeker eine Deputationssitzung ab.

schen repräsentativen Juristengremiums mit den Missständen der Strafverfolgung". Die Essener Berichte und Referate wurden vielfach angefordert, vor allem von den Schwurgerichten, wie die Deputation auf ihrer nächsten Sitzung stolz vermerkte. Ob sich die Rechtsprechungspraxis aufgrund der Königsteiner Entschließung und des Essener Juristentages änderte, worauf Friesenhahn gehofft hatte, lässt sich jedoch nur schwer ermitteln. Zwar wurden gegen Ende der 1960er Jahre mehr NS-Täter verurteilt und die Strafen waren höher, viele Gerichte hielten aber an der Gehilfen-Rechtsprechung fest.

Nur schwer messbar ist auch die Wirkung des Essener Juristentages im Hinblick auf das Thema „Vergangenheitsbewältigung". Konrad Redeker, der Friesenhahn als Präsident des Juristentages nachfolgte, hat später vom Signalcharakter der Essener Veranstaltung gesprochen, die unter den Juristen

die Diskussion, sich der Vergangenheit zu stellen, eröffnet habe. Unstrittig ist hingegen die Faszination, die die Essener Sonderveranstaltung vor allem auf jüngere Juristen ausgeübt hat. Neben dem 1968er Juristentag und dessen Befürwortung einer Reform des Sexualstrafrechts war es vor allem die Sonderveranstaltung zur strafrechtlichen Aufarbeitung der NS-Verbrechen, die das Interesse einer jüngeren Generation von Juristinnen und Juristen am Deutschen Juristentag geweckt hat.

Eine neue Generation und Satzung

Friesenhahn verzichtete nach dem Essener Juristentag 1966 aufgrund von Arbeitsüberlastung auf eine weitere Präsidentschaft. Zu seinem Nachfolger wählte die Ständige Deputation den Bonner Juristen Konrad Redeker. Mit ihm trat zum ersten Mal ein vollberuflicher Rechtsanwalt an die Spitze des Vereins. Gerade 43 Jahre alt, stand er für einen Generationswechsel, der vor allem junge Juristinnen und Juristen ansprach.

Redeker führte den von Friesenhahn initiierten Reformkurs fort. Noch vor dem nächsten Juristentag erarbeitete er 1967 ein detailliertes Konzept zur Erneuerung des Vereins und der Tagung. Sein Ziel war, den Juristentag auch für den „Durchschnittsjuristen“ attraktiver zu machen. Die Vorschläge Redekers wurden in der Deputation intensiv diskutiert, viele flossen in die Satzungsänderung ein, die im Dialog mit den Mitgliedern auf dem 47. Deutschen Juristentag 1968 in Nürnberg beschlossen wurde.

Kern der neuen Satzung war ein verändertes Selbstverständnis des Juristentages. Nicht mehr die Rechtseinheit sowie Aufbau und juristische Fundierung der Bundesrepublik wurden als zentrale Zweckbestimmung angesehen, sondern die Rechtspolitik: Der Juristentag wollte nicht mehr stabilisieren, sondern gestalten. Seither heißt es im zentralen Paragraphen 2, Absatz 1: „In Fortführung der Tradition des 1860 gegründeten Deutschen Juristentages verfolgt der Verein den Zweck, auf wissenschaftlicher Grundlage die Notwendigkeit von Änderungen und Ergänzungen der deutschen Rechtsordnung zu untersuchen, der Öffentlichkeit Vorschläge zur Fortentwicklung des Rechts vorzulegen, auf Rechtsmißstände hinzuweisen und einen lebendigen Meinungsaustausch unter den deutschen Juristen aller Berufsgruppen und fachlichen Richtungen herbeizuführen.“ Neu in die Satzung aufgenommen wurde auch, dass die Deputation mit Zwei-Drittel-Mehrheit zu „rechtspolitischen Fragen von grundlegender Bedeutung“ öffentlich oder in Eingaben Stellung nehmen kann.

Offen für alle Juristen und aktuelle Themen

Redeker setzte sich wie Friesenhahn dafür ein, die berufliche Gliederung des Juristentages auszubauen und insbesondere die bislang nicht adäquat repräsentierten Rechtsanwälte, Notare, Verwaltungs- und Wirtschaftsjuristen als Mitglieder zu gewinnen. Um die Interessen aller zu berücksichtigen, wurde in der neuen Satzung festgeschrieben, dass künftig jede juristische Berufsgruppe im Gremium der Vertrauensleute, das die Ständige Deputation wählte, vertreten sein sollte. Die Satzung von 1976 berücksichtigte zusätzlich auch die Referendare, um damit jungen Juristen Gehör zu verschaffen.

Staatsanwältin Barbara Just-Dahlmann und Bundesjustizminister Gustav Heinemann auf dem Nürnberger Juristentag 1968. Just-Dahlmann trat dort als Referentin für die Reform des Sexualstrafrechts auf.

Inhaltlich einigte sich die Deputation auf Vorschlag Redekers darauf, auf den künftigen Juristentagen verstärkt Themen mit größerer Praxisrelevanz zur Verhandlung zu bringen. Auch umstrittene aktuelle Themen wollte man nun zulassen, zu denen der Gesetzgeber schon Vorlagen geliefert hatte.

Der neue Ansatz zeigte sich auch im Tagungsablauf. Eröffnungs- und Schlussvorträge oder Podiumsdiskussionen lockerten die Verhandlungen auf. Anders als früher kamen in den Sitzungen nicht nur hochrangige Richter und Professoren zu Wort, sondern auch einfache Mitglieder, Amtsrichter und Anwälte. Zudem wurde der Ablauf gestrafft und eine professionelle Presse- und Öffentlichkeitsarbeit auf den Weg gebracht. Mit Redekers Berufung konnte endlich der Posten eines Sekretärs besetzt werden. Felix

Busse, später Präsident des Deutschen Anwaltvereins, übernahm dieses Amt Ende 1966 und übte es bis 1994 aus. Trotz stetig steigender Mitglieder- und Teilnehmerzahlen hat er die Geschäfte des Vereins und die Vorbereitung der Tagungen fast 28 Jahre lang souverän geführt. Neben dem Einsatz der Deputation und des jeweiligen Ortsausschusses trug das ehrenamtliche Engagement einer festen Gruppe organisationsstarker Helfer, die Busse im Laufe der Jahre gewinnen konnte, maßgeblich zum Gelingen der zunehmend größeren Juristentage bei.

Der große Aufbruch: die Juristentage von 1968 und 1970

Die beiden Juristentage unter Redekers Präsidentschaft sind bis heute legendär – allein wegen ihres Ablaufs: 1968 war in Nürnberg ein Anti-Juristentag geplant, eine autonome Gruppe drohte mit der Sprengung der Tagung, zur Sicherheit warteten Polizeikräfte im Keller der Meistersinger-Halle. Explosiv war die Stimmung auch zwei Jahre später beim 48. Deutschen Juristentag in Mainz. Ganze Busladungen junger Referendare versuchten in Abstimmungskolonnen das Ergebnis zum Thema Juristenausbildung zu beeinflussen und wollten den Abteilungs-Vorsitzenden abwählen. Sie staunten nicht schlecht, als ihren Reformplänen anstelle des erwarteten Widerstandes bei der Schlussabstimmung mit mehr als 1.600 Teilnehmern auch von Seiten der Arrivierten breite Zustimmung zuteilwurde.

Vor allem aber setzten die Themen 1968 und 1970 Meilensteine: Nürnberg 1968 – das war die Reform des Sexualstrafrechts, die Einführung der Produzentenhaftung und die soziale Sicherung der Frau in der Ehe und im Scheidungsfall sowie die Frage, ob bei einer Urteilsverkündung überstimmte Richter ihre abweichende Meinung („dissenting opinion") öffentlich machen können. In Mainz standen 1970 die Reform des Scheidungsrechts, die Juristenausbildung, der Entwurf eines Strafvollzugsgesetzes und die Neugestaltung des öffentlichen Dienstes auf der Tagesordnung. Allen Themen war gemeinsam, dass sie nicht nur in Fachkreisen debattiert wurden, sondern auch in der Öffentlichkeit und in der Politik auf großes

Konrad Redeker eröffnet als Präsident den 48. Deutschen Juristentag in Mainz 1970.

Interesse stießen. „Unsere Beratungen vollziehen sich also, und das unterscheidet sie von der früheren Zeit, in der Präsenz des politischen, des parteipolitischen Meinungskampfes", führte Redeker aus.

Auf beiden Juristentagen wurden rechtspolitische Entscheidungen gefällt, die unmittelbare Rechtswirkungen entfalteten. Die Produzentenhaftung wurde noch 1968 durch ein maßgebliches BGH-Urteil in enger Anlehnung an die Beschlussfassung des Juristentages konkretisiert, die „dissenting opinion" 1970 für das Bundesverfassungsgericht eingeführt und bei der Juristenausbildung probehalber das praxisorientierte, sogenannte einphasige Modell umgesetzt. Darüber hinaus sind es vor allem zwei Gesetze, die, durch die Juristentage von 1968 und 1970 maßgeblich initiiert, bis heute als Grundpfeiler der gesellschaftlichen Liberalisierung gelten: Das erste Strafrechtsreformgesetz von 1970, das unter anderem die Aufhebung des Paragraphen 175 (Strafbarkeit der einfachen Homosexualität unter Erwachsenen), die Freigabe von Verhütungsmitteln, die Abschaffung des Straftatbestandes der Kuppelei und die Aufhebung des Verbots anstößiger Filme und Zeitschriften verfügte. Im Scheidungsrecht wurde durch das Gesetz zur Reform des Ehe- und des Familienrechts 1976 das Verschuldensprinzip verworfen und das Zerrüttungsprinzip an seine Stelle gesetzt. Das Unterhaltsrecht wurde neu geregelt und die Frage des elterlichen Sorgerechts an das Kindeswohl geknüpft. Die Gesetze besaßen Signalcharakter und befreiten von Normen, die keine gesellschaftliche Relevanz mehr besaßen. Der Staat wirkte nicht länger als Sittenwächter, sondern vertraute auf die Mündigkeit seiner Bürger. In fast allen Publikationen wurde der Juristentag damals gefeiert. Von einer „Sternstunde" der Juristen war zu lesen. Selten zuvor und danach hat der Juristentag derart umfassende Anerkennung als Motor der Modernisierung gefunden.

Ein Jahrzehnt der Reformen

Die Aufbruchstimmung der Nürnberger und Mainzer Juristentage wirkte bis weit in die 1970er Jahre. Sie wurden zum „Jahrzehnt der Rechtspolitik", wie es Konrad Redeker auf dem Mainzer Juristentag prognostiziert hatte. Viele gesellschaftspolitische Reformen und Gesetzesvorhaben, die lange in den Schubladen geschlummert hatten, wurden nun von der seit 1969 regierenden sozialliberalen Koalition umgesetzt.

Die sozialliberale Reformära hat maßgeblich zur Identität der Bundesrepublik beigetragen. Ohne die 1968er-Bewegung, die Liberalisierung und Demokratisierung der Gesellschaft wäre die Bundesrepublik heute eine andere. Nicht zuletzt deshalb spricht die Geschichtswissenschaft heute von einer „zweiten Gründung" der Bundesrepublik. Der Juristentag hat diese Reformära mitgestaltet, indem er die aktuelle Gesetzgebung begleitete und Impulse für die Rechtsentwicklung setzte – auch unter den Nachfolgern Redekers: Seit 1972 war der amtierende Hamburger Senatsdirektor Wilhelm Röhl Präsident des Juristentages, 1978 folgte ihm der Stuttgarter Generalstaatsanwalt und spätere Präsident des Oberlandesgerichts Günther Weinmann nach.

Rasanter Mitgliederzuwachs

Nach bescheidenen Anfängen stiegen die Mitgliederzahlen des Deutschen Juristentages in den 1950er Jahren kontinuierlich an und kletterten bis 1960 auf rund 1.700 Mitglieder. Danach explodierten die Zahlen: Bis 1970 verdreifachte sich die Mitgliederzahl und erreichte mehr als 5.000. 1980 wurden fast 8.300 Mitglieder in den Listen geführt – ein Niveau, das mit leichten Schwankungen bis 1990 gehalten wurde.

Entwicklung der djt-Mitgliederzahlen 1950 bis 1990

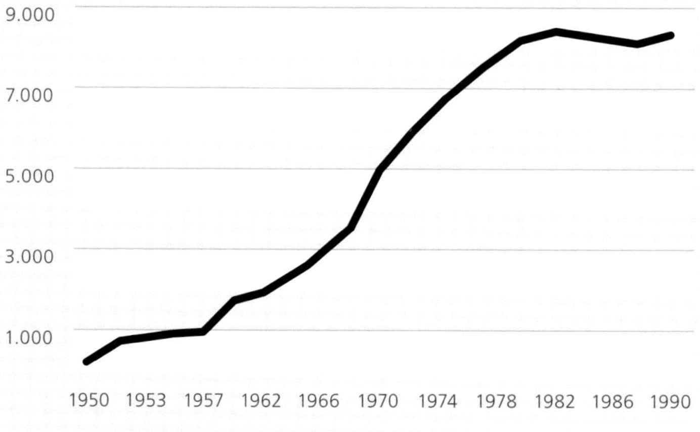

Für eine Vereinigung, die in ihrer langen Geschichte durchschnittlich etwa 1.500 Mitglieder hatte, war das ein rasanter Anstieg. Er beruhte zum einen auf einer grundsätzlichen Zunahme der Juristen in der Bundesrepublik Deutschland, wobei sich insbesondere die Zahl der Anwälte vervielfachte. Zum anderen betrieb der Juristentag seit Mitte der 1960er Jahre eine intensive Mitgliederwerbung, die in den Aufbruchsjahren nach 1968 bei den Juristen auf große Resonanz stieß. Fächert man die Mitgliederstatistik nach juristischen Berufsgruppen auf, so haben seit Ende der 1960er

Jahre insbesondere die bislang unterrepräsentierten Berufsgruppen der Rechtsanwälte, Notare und Verwaltungsjuristen zugelegt. Ihr proportionaler Anteil stieg von 37 Prozent im Jahr 1967 auf 46 Prozent 1993 an. In den 1970er Jahren traten dem Juristentag zahlreiche junge Referendare bei, allein zwischen 1967 und 1979 waren es mehr als 750. Mit der Zahl der Mitglieder stieg auch die Anzahl der Teilnehmer an den Juristentagen selbst. Bis heute liegt sie im Durchschnitt bei rund 2.700. Darunter wurden 1982 430 Juristinnen gezählt, 1994 waren es bereits 744.

Die längst fällige Strafrechtsreform, die bereits um 1900 diskutiert und im Verlauf der 1970er Jahre durch vier weitere Reformgesetze umgesetzt wurde, hat der Juristentag in seinen Verhandlungen zur Liberalisierung und Humanisierung von Strafrecht und Strafvollzug mitgestaltet. Im Bereich Arbeitsrecht hat er sich an heiß umstrittene Themen wie das Arbeitskampfrecht, das Tarifvertragsrecht und den Kündigungsschutz herangetraut. Als einer der Ersten nahm der Juristentag die gesellschaftliche Gruppe der Ausländer in den Blick und forderte 1980, deren oft unsicheren Rechtsstatus zu verrechtlichen. Er hat sich für die Demokratisierung der Schule ausgesprochen und für den Rechtsschutz der Schwachen in der Gesellschaft, indem er 1976 das Thema „Zugang zum Recht“ behandelte, was 1980 zur staatlichen Prozesskostenhilfe und Beratungshilfe führte. Mit den von 1974 bis 1980 verhandelten Themen Schutz des Verbrauchers gegenüber Allgemeinen Geschäftsbedingungen und Formularverträgen, der gesetzlichen Regelung des Anlegerschutzes, der Reform der Mobilarsicherheiten und des Verbraucherschutzes auf dem Gebiet des Konsumentenkredits hat der Juristentag darüber hinaus die Verbraucherschutzgesetzgebung der Bundesrepublik maßgeblich initiiert und geprägt.

Diskussionen und Abstimmungen

Die Aktualität der Themen, die Ansprache neuer Berufsgruppen wie auch die Umsetzung vieler rechtspolitischer Vorschläge des Juristentages durch den Gesetzgeber haben seine Mitgliederzahlen in den 1970er Jahren rasant in die Höhe schnellen lassen. Das Motto „Recht mitgestalten" wurde damals zur unmittelbaren Erfahrung einer ganzen Juristengeneration, die aber auch ein umfassendes Interesse an Rechtspolitik mitbrachte. Die Diskussionen waren kontrovers und offen und es war keine Seltenheit, dass sie sich – weit über die vorgesehene Tagesordnung hinaus – bis spät in die Abendstunden hinzogen. Oft brachten die Diskussionen im engagierten Meinungskampf neue pragmatische Lösungen hervor. Bisweilen erwiesen sich aber auch die vorgefassten Meinungen von Interessenvertretungen als stärker. So prallten in den arbeitsrechtlichen Abteilungen trotz relativ offener Diskussion bei den Abstimmungen die gewerkschafts- und arbeitgebernahen Positionen unversöhnlich aufeinander, ja es wurde sogar versucht, die Abstimmungen durch gezielte „Infiltration" eigener Gewährsleute für sich zu entscheiden. Hier hat der Juristentag stets auf Transparenz gesetzt und versucht, wenn Abstimmungsmanipulationen nicht zu verhindern waren, sie gezielt offenzulegen.

Themen der 1980er Jahre

In den 1980er Jahren standen – auch vor dem Hintergrund des stetigen Ausbaus der Europäischen Gemeinschaft – vermehrt wirtschaftsrechtliche Themen im Vordergrund. Die rechtsformunabhängige Besteuerung der Unternehmen wurde ebenso verhandelt wie das Subventionsrecht. Auf dem Nürnberger Juristentag 1982 ging es um Möglichkeiten der Sanierung von Unternehmen durch Maßnahmen im Unternehmens-, Arbeits-, Sozial- und Insolvenzrecht. Die Beschlüsse dieses Juristentages haben das später verabschiedete neue Insolvenzrecht stark geprägt.

Auch in den 1980er Jahren blieben die Themen Emanzipation und Selbstbestimmung auf der Tagesordnung. Der Juristentag, der ab 1984 den Rechtsprofessor und Direktor des Instituts für Handels- und Wirtschaftsrecht an der Universität Bonn, Marcus Lutter, zum Präsidenten hatte, behandelte 1986 in Berlin das heute immer noch aktuelle Thema „Recht auf den eigenen Tod? Strafrecht im Spannungsverhältnis zwischen Lebenserhaltungspflicht und Selbstbestimmung" und widmete sich zwei Jahre später in Mainz der Frage der gesetzlichen Regelung der nichtehelichen Lebensgemeinschaft. Auf dem gleichen Juristentag wurde das Vormundschaftsrecht für Erwachsene diskutiert. Die Beschlüsse dieser Abteilung beeinflussten auch das 1992 verabschiedete Betreuungsgesetz, an die Stelle der Vormundschaft bei Entmündigung trat das Betreuungsrecht, das den Betroffenen einen gesetzlichen Betreuer zur Seite stellte. Im anbrechenden Digitalzeitalter ging es Anfang der 1980er Jahre um die Themen Datenmissbrauch sowie „Neue Medien: Neue Aufgaben des Rechts?". Auch der Umweltschutz und ein darauf abgestimmtes Umweltrecht wurden behandelt. Spektakulär war die Debatte zu den neuen Möglichkeiten der Reproduktionstechnik auf dem Berliner Juristentag von 1986, der Zulässigkeit und zivilrechtliche Folgen der künstlichen Befruchtung beim Menschen erörterte.

Der Juristentag als Reflexionsinstanz

Über die gesellschaftspolitischen Weiterentwicklungen hinaus stehen die 1980er Jahre für ein Jahrzehnt der kritischen Reflexion. Zwar wirkte der rechtspolitische Aufbruch weiter, vielfach machten sich indes auch Ernüchterung und Unbehagen breit. Von Gesetzesflut, von Regulierungswahn und einer Überforderung der Gerichte war die Rede. Statt des demokratischen Neubeginns sah man einen ungezügelten Einfluss organisierter Interessen und Verbände, die Verselbstständigung der Parteien und die Ohnmacht des Bürgers.

Der Juristentag hat sich auch diesen Themen gestellt: „Die Verbände in der Demokratie und ihre Regelungsprobleme" lautete der Titel einer in Wiesbaden 1978 veranstalteten Podiumsdiskussion. Zwei Jahre später ging es um „Gesetzesflut und Gesetzesperfektionismus". 1984 widmete sich die Schlussveranstaltung des Hamburger Juristentages der „Herausforderung an die parlamentarische Demokratie". 1986 behandelte der Juristentag in Berlin das Thema „Parteienstaat des Grundgesetzes und die Bewältigung der Zukunftsaufgaben". 1988 hielt Hans Maier einen Vortrag über „Recht und Politik". Die Auseinandersetzung mit diesen Themen erfolgte häufig im Dialog mit der Politik. Zu den Mitdiskutanten der Podiumsveranstaltungen zählten unter anderen Kurt Biedenkopf, Horst Ehmke und Otto Schily.

Gäste des 53. Deutschen Juristentages in Berlin 1980 (von rechts nach links): Richard von Weizsäcker, Christian Broda, Hans-Jochen Vogel, Wolfgang Zeidler, Friedrich Vogel sowie Detlef Kleinert.

Die Offenheit den Streitfragen der Zeit gegenüber wie auch die Bereitschaft zum grundlegenden Nachdenken über die Bedeutung, die Aufgaben und Wertentscheidungen des Rechts – auch das zählt der Juristentag zu seinen Aufgaben. Mehr als andere Vereinigungen ist er aufgrund seiner berufsübergreifenden und überparteilichen Ausrichtung als Forum zur Diskussion derartiger Fragen geeignet. Alle Juristen, so hat es Bundespräsident Richard von Weizsäcker in seiner Ansprache zur Eröffnung des 56. Deutschen Juristentages in Berlin 1986 formuliert, seien, „gleichgültig, ob sie im Staatsdienst einen Amtseid leisten, ob sie freiberuflich oder in der Wirtschaft tätig sind, verpflichtet, der Einheit des Rechts und seiner Wertentscheidungen zu dienen. Diese allen Juristen gemeinsame Aufgabe und ihre das Rechtsbewusstsein aller Bürger prägende Wirkung immer von neuem zu erkennen, zu praktizieren und zu stärken – das ist es, was ich unserer Rechtsordnung wünsche. Am besten helfen dabei kann vielleicht der Juristentag."

Kapitel 4

Recht im neuen Europa 1989–2010

Auch in Zeiten großer Veränderungen hat der Deutsche Juristentag sein Gespür für aktuelle Themen behalten und zugleich beharrlich an der Weiterentwicklung des Rechts gearbeitet. In vielen Bereichen, beispielsweise im Familien- oder Gesellschaftsrecht, hat er sich erfolgreich für eine Anpassung des deutschen Rechts an die Herausforderungen des ausgehenden 20. und beginnenden 21. Jahrhunderts eingesetzt. Daneben standen zunehmend europarechtliche Fragen auf der Tagesordnung. Damit hat der Deutsche Juristentag selbst nach 150 Jahren nichts von seiner Bedeutung als zentrales Forum für rechtspolitische Fragen verloren.

Abstimmung auf dem 66. Deutschen Juristentag in Stuttgart 2006.

Rechtspflege im vereinigten Deutschland

Die frühen 1990er Jahre waren von den Auswirkungen der deutschen Wiedervereinigung geprägt. Der politische Umbruch schlug sich in den Diskussionen der Ständigen Deputation nieder, die nach einem Weg suchte, die Erfahrungen und Fachkenntnisse des Vereins in die Gestaltung der Einheit einzubringen. Mehrere Deputationsmitglieder, unter ihnen der neu gewählte Vorsitzende Harald Franzki, nahmen im April 1990 am ersten und einzigen Ostdeutschen Juristentag in Straußberg bei Berlin teil und boten dort eine Zusammenarbeit beim Aufbau einer unabhängigen Justiz der damals noch existierenden DDR an.

Im Mai 1990 stellte der innerdeutsche Staatsvertrag die Weichen für die Wiedervereinigung am 3. Oktober. Die Frage, wie die politischen Ereignisse im Rahmen des 58. Deutschen Juristentages, der im September 1990 in München stattfinden sollte, zu behandeln seien, hatte im Vorfeld zu intensiven Debatten geführt. Trotz der zu erwartenden Kritik entschied sich die Ständige Deputation dafür, aufgrund der fehlenden Zeit für eine wissenschaftlich fundierte Vorbereitung von einer Änderung der bereits im Herbst 1988 beschlossenen Tagungsordnung abzusehen, soweit es die Fachabteilungen betraf.

Mit mehr als 3.500 Teilnehmern aus 16 Ländern wurde der Münchner Juristentag zur größten Tagung in der Geschichte des Vereins. Hinter den Kulissen stellten auch diesmal weit über 100 Mitarbeiter, darunter zahlreiche Referendare und Studenten sowie ehrenamtliche Schreibkräfte, mit großem Engagement den reibungslosen Ablauf des Juristentages sicher. Wegen des großen Andrangs musste die Eröffnungsveranstaltung sogar mittels Videokamera in einen benachbarten Saal übertragen werden. Harald Franzki begrüßte die rund 200 Teilnehmer aus der DDR und mahnte zur Skepsis gegenüber einer allzu schnellen Rechtsangleichung. Beim personellen Neuaufbau der Gerichtsbarkeit in Ostdeutschland war aufgrund der mangelnden Erfahrungen mit westdeutschem Recht und der Einbindung vieler Rechtsvertreter in das SED-Regime mit Schwierigkeiten zu rechnen. Harald Franzki forderte daher sowohl auf diesem wie auch auf dem folgenden Juristentag: „Sollte es uns in dieser einmaligen geschichtlichen Situation nicht gelingen, das für den Aufbau [des Rechtswesens in der DDR] benö-

Feier am Tag der Deutschen Einheit am 3. Oktober 1990 vor dem Reichstagsgebäude in Berlin.

tigte Personal zumindest vorübergehend in die neuen Länder zu entsenden, dann stellt sich die Frage, ob ein Berufsbeamtentum, das seine Rechte so energisch wahrzunehmen weiß, sich aber so schwer an seine Pflichten erinnern lässt, noch seine Daseinsberechtigung besitzt."

Bereits seit Herbst 1992 bemühten sich die Mitglieder der Ständigen Deputation darum, mit einem Kongress in die neuen Bundesländer zu gehen, um das Zusammenwachsen der Juristen aus beiden Ländern zu fördern. Diese Pläne scheiterten zunächst an der unzureichenden Tagungsinfrastruktur der ostdeutschen Städte. Erst 2000 fand daher ein Juristentag in den neuen Bundesländern statt. Das Zusammenfallen der Tagung in Leipzig mit dem zehnten Jahrestag der Wiedervereinigung gab diesem Kongress eine besondere Symbolkraft. Die hochrangig besetzte Gästeliste mit Vertretern der Bundesregierung, der Länder, des Bundestages und Bundesverfassungsgerichtes zeigte einmal mehr die enge Verbindung des Vereins mit juristischen und politischen Entscheidungsträgern.

Familienrecht im Einklang mit der Verfassung

Auch im wiedervereinigten Deutschland bewies der Juristentag in vielen Rechtsbereichen seine Bedeutung als wichtigste rechtspolitische Stimme außerhalb der gesetzgebenden Körperschaften. Vor allem im Bereich des Familienrechts trug er erheblich zu einer Anpassung des Rechts an sich verändernde Lebenssituationen bei. So kam trotz des Bedeutungsverlustes der traditionellen Ehe im bundesdeutschen Kindschaftsrecht das Sorgerecht für ein nichteheliches Kind weiterhin allein der Mutter zu. Auch im Fall einer Scheidung war laut Gesetzeslage die elterliche Sorge zwingend einem Elternteil zu übertragen – eine Regelung, die das Bundesverfassungsgericht bereits 1982 für verfassungswidrig erklärt hatte. Zudem griff eine gesetzlich verordnete und damit unabhängig von der individuellen Situation eintretende Amtspflegschaft für nichtehelich geborene Kinder in das Sorgerecht der Mutter ein. Vor diesem Hintergrund setzte die Ständige Deputation für den 59. Deutschen Juristentag in Hannover eine Diskussion über die Frage „Empfiehlt es sich, das Kindschaftsrecht neu zu regeln?“ auf die Tagungsordnung. Das Gutachten der Basler Rechtsprofessorin Ingeborg Schwenzer und die Referentenbeiträge lenkten den Blick der Fachwelt und der Öffentlichkeit auf die Mängel im bestehenden Recht. Damit brachte der Juristentag neue Bewegung in die Reformdebatte.

Die Beschlüsse des Juristentages zur grundsätzlichen Gleichstellung ehelicher und nichtehelicher Kinder, zur Abschaffung der automatischen Amtspflegschaft, der gemeinsamen elterlichen Sorge nichtverheirateter Paare und der differenzierten Sorgerechtshandhabung nach einer Scheidung spiegelten sich im vier Jahre später vorgebrachten Gesetzentwurf der Bundesregierung wider. Seit dem Inkrafttreten des neuen Kindschaftsrechts im Juli 1998 können nichtverheiratete Eltern nach Abgabe einer Erklärung beim Notar oder Jugendamt das Sorgerecht gemeinsam wahrnehmen. Das bereits vom Bundesverfassungsgericht durchgesetzte Recht eines fortlaufenden gemeinsamen Sorgerechts nach einer Scheidung wurde gesetzlich verankert, kann jedoch, wie auf dem Juristentag gefordert, bei zwingenden Gründen auf Antrag gerichtlich aufgehoben werden. Die Amtspflegschaft wich einer optionalen Beistandschaft des Jugendamtes, die nur auf den ausdrücklichen Wunsch der Mutter hin eintritt.

Angesichts des zunehmenden Rückzugs der klassischen Versorgerehe mahnte der 60. Deutsche Juristentag 1994 in Münster eine bessere Vereinbarkeit von Beruf und Familie an. Gutachter und Referenten der Arbeits- und Sozialrechtlichen Abteilung zeigten die Nachteile auf, die sich für Frauen durch die Erziehungsarbeit in der Einkommenslage, vor allem aber bei der Höhe der Rentenleistungen ergaben. Mit Forderungen nach familienfreundlicheren, flexibleren Arbeitszeitregelungen und einem gesetzlich verankerten Anspruch auf Ganztags-Betreuung für unter Dreijährige und Schulkinder setzte sich der Juristentag an die Spitze der Reformdiskussion. Zukunftsweisend waren die Beschlüsse für eine stärkere Öffnung des Erziehungsurlaubs für beide Elternteile und den Abbau von arbeits- und sozialrechtlichen Nachteilen der Teilzeitarbeit. Angesichts der zögerlichen Haltung des Gesetzgebers griff der Juristentag die Forderungen nach familiengerechteren Arbeitsstrukturen auch auf späteren Juristentagen immer wieder auf.

Modernisierung des Schuldrechts

Neben den Diskussionen über eine bessere Vereinbarkeit von Familie und Beruf stand die Schuldrechtsreform im Mittelpunkt des Juristentages in Münster. Das Schuldrecht des BGB war auf dem Gebiet des Verjährungsrechts, des allgemeinen Leistungsstörungsrechts sowie des Kaufs- und Werkvertragsrechts in seinen Grundzügen auf dem Stand seines Inkrafttretens stehengeblieben. 1991 hatte eine vom Justizministerium ernannte Kommission einen umfangreichen Abschlussbericht zur Überarbeitung des Schuldrechts vorgelegt. Ihre Vorschläge stießen bei Wirtschaft und Industrie jedoch zum Teil auf Widerstand. Justizministerin Sabine Leutheusser-Schnarrenberger entschied sich daher, den Juristentag für ein fachlich kompetentes und berufsübergreifendes Abschlussurteil über die Ergebnisse der Schuldrechtskommission zu nutzen. In Abkehr von der sonst üblichen Praxis ließ die Ständige Deputation für die zivilrechtliche Abteilung kein eigenes Gutachten anfertigen, sondern stellte den Abschlussbericht und den Gesetzesvorschlag der Kommission zur Diskussion. Mit seinem grundsätzlich positiven Urteil über die Vorschläge setzte der Juristentag in Münster

Juristentage sind immer auch Begegnungsräume. Man trifft alte Weggefährten und knüpft neue Kontakte. In der kollegialen Atmosphäre sieht man Referendare und junge Juristen im intensiven Gespräch mit Bundesrichtern und OLG-Präsidenten.

einen Meilenstein für die 2001 verabschiedete Reform zur Schuldrechtsmodernisierung, die über die Forderungen der zwei Jahre zuvor ausgegebenen EU-Richtlinie zum Verkaufsgüterkauf hinausging. Es war die bislang umfassendste Überarbeitung des BGB seit seiner Entstehung im Jahr 1900. Zu den wichtigsten Änderungen gehörten die Verlängerung der Verjährungsfrist für Mängelansprüche und die Möglichkeit, bei Vorliegen einer Pflichtverletzung nach einer Fristsetzung vom Vertrag zurücktreten und bei Verschulden auch Schadenersatz verlangen zu können. Künftig sind Verkäufer verpflichtet, mangelfreie Waren zu liefern, die den Angaben in Werbung und Etikettierung entsprechen. Verbraucherschutzgesetze wie das Haustürwiderrufsgesetz, das Fernabsatzgesetz oder das Gesetz über Allgemeine Geschäftsbedingungen wurden in das BGB integriert.

Für Integrität und Transparenz

Nachdem Anfang der 1990er Jahre mehrere Korruptionsskandale eine breite Diskussion über eine Verschärfung der strafrechtlichen Vorschriften ausgelöst hatten, schaltete sich der Juristentag 1996 in Karlsruhe in diese Debatte ein. Der Heidelberger Professor Dieter Dölling schlug vor, bereits die Feststellung, dass eine Zuwendung allgemein „für die dienstliche Tätigkeit" erfolgt sei, solle Konsequenzen nach sich ziehen. Damit zeigte er dem Gesetzgeber eine praxistaugliche Möglichkeit auf, um auch Taktiken wie das sogenannte Anfüttern von Amtsträgern durch kleinere Zuwendungen strafrechtlich verfolgen zu können. Während der Gesetzgeber Mitte der 1990er Jahre die Problematik grenzüberschreitender Korruption noch unterschätzte, drängte der Juristentag auf eine Ausdehnung deutscher Bestechungstatbestände auf Taten mit Auslandsbezug. Breite Unterstützung fand zudem die Forderung nach der Ausarbeitung von Antikorruptionsstandards in Verwaltungsbehörden und Wirtschaftskonzernen. Im Rahmen des 1997 in Kraft getretenen Korruptionsbekämpfungsgesetzes folgte der Gesetzgeber dem Vorschlag Döllings und lockerte die Beweispflicht. Seither macht sich bereits derjenige strafbar, der Vorteile „für die Dienstausübung" annimmt oder gewährt.

Mit dem Wirtschaftsrecht befasste sich auch der 64. Deutsche Juristentag im Jahr 2002, der erste Kongress in Berlin nach dem Umzug der Regierung. Mit der Entscheidung für eine Abteilung zur Frage „Empfiehlt es sich, im Interesse des Anlegerschutzes und zur Förderung des Finanzplatzes Deutschland das Kapitalmarkt- und Börsenrecht neu zu regeln?" bewies die Ständige Deputation einmal mehr ihren juristischen Weitblick. Kurz nach der Festlegung des Themas im Herbst 2000 hatte eine Serie von Bilanzskandalen die amerikanische und deutsche Wirtschaft erschüttert, die Massenentlassungen und Anlageverluste in Milliardenhöhe nach sich zog. Den Ergebnissen des 64. Juristentages wurde daher sowohl von Vertretern des Bundesrats und des Justizministeriums als auch von der Presse mit Spannung entgegengesehen. Mit knapper Mehrheit einigten sich die juristischen Experten darauf, Vorstände und Aufsichtsräte künftig persönlich für falsche Angaben zur Verantwortung zu ziehen, anstatt wie bisher nur die Gesellschaft als solche dafür haftbar zu machen. Darüber hinaus sprach sich der

Satzung und Vereinsstruktur im 21. Jahrhundert

Mehrere Satzungsänderungen führten seit der Jahrtausendwende zu einer zeitgemäßen Weiterentwicklung des Deutschen Juristentages. Mit großer Mehrheit sprach sich die Mitgliederversammlung 2000 in Leipzig dafür aus, den Verein für Studierende zu öffnen, um die Idee des Juristentages, die Mitgestaltung des Rechts, in die junge Generation hineinzutragen. Vor dem Hintergrund der europäischen Einigung erhielten zudem auch im Ausland ausgebildete Juristen erstmals die Möglichkeit, Mitglied zu werden. Darüber hinaus wurde das von vielen als nicht mehr zeitgemäß empfundene Wahlsystem über Vertrauensleute abgeschafft. Auf dem 64. Deutschen Juristentag in Berlin 2002 konnte damit die Zusammensetzung der Ständigen Deputation erstmals durch Brief- oder Urnenwahl direkt von den Mitgliedern bestimmt werden. Um die Ausgewogenheit des Vorstandsgremiums in Bezug auf Profession, Geschlecht und politische Überzeugung sowie fachliche und menschliche Qualifikationen der Mitglieder weiterhin sicherzustellen, wurde am Vorschlagsrecht der Ständigen Deputation festgehalten.

Eine weitere Satzungsänderung erfolgte 2002 in Hinblick auf geschlechtsneutrale Formulierungen. „Natürlich kann jemand die Sprache der alten Satzung schöner finden als die jetzt kommende", so Konrad Redeker in seinem Redebeitrag. „Aber wir sollten doch in der Gegenwart bleiben. [...] Meine Damen und Herren, dann kann man ja sagen, der Juristentag ist im Jahr 1950 stehengeblieben. Das dürfen wir uns auf keinen Fall leisten." Große Zustimmung innerhalb der Mitgliederversammlung fand zudem der Vorschlag, die Bezeichnung des Geschäftsstellenleiters von „Sekretär" in „Generalsekretär" zu wandeln, einem Titel, der den vielfältigen Aufgaben des Vereinsbüros, das seit 1994 Rechtsanwalt Dr. Andreas Nadler aus Bonn leitet, Rechnung trug.

Mit großer Offenheit hieß der Juristentag nach 2000 seine neuen studentischen Mitglieder willkommen. So stellen sich heute die Leiter und Referenten der Abteilungen im Anschluss an die offiziellen Abteilungen in Sonderveranstaltungen den Nachfragen der Juristenanwärter. Ein „get-together" für die jüngere Generation vor dem offiziellen Tagungsbeginn schafft viele Möglichkeiten, bereits im Vorfeld des Kongresses Kontakte zu schließen. Die Einbindung eines Referendars und eines Studierenden in die Sitzungen der Ständigen Deputation sorgt für eine kontinuierliche Berücksichtigung der Interessen angehender Juristen. Immer mehr Universitäten bieten heute Juristentagsthemen im Rahmen ihrer Lehrpläne an und nutzen die Möglichkeit für Seminargruppen, kostenlos an den Tagungen teilzunehmen. Auch die Zusammenarbeit mit der „European Law Students' Association" (ELSA), der weltgrößten Vereinigung von Jurastudenten, bringt viele Kontakte. Nach dem 67. Juristentag in Erfurt 2008, an dem rund 500 Hochschüler teilnahmen, zog Tagungspräsident Martin Henssler ein positives Resümee der neuen Vereinsstruktur: „Wer auf dem letzten Juristentag in Erfurt erlebt hat, mit welchem Elan gerade die jungen Juristinnen und Juristen mitdiskutiert und die für sie in das Juristentagsprogramm aufgenommenen Angebote wahrgenommen haben, der konnte spüren, dass die Juristentagsidee lebt."

Juristentag für einen erleichterten Rechtsschutz aus und empfahl, Klagen zu gleichen Sachverhalten in Zukunft verfahrensrechtlich zu bündeln, um Prozesskosten und -risiken für geschädigte Anleger gering zu halten. Das im Februar 2003 vom Bundesjustizministerium veröffentlichte „Zehn-Punkte-Programm zur Stärkung der Unternehmensintegrität und des Anlegerschutzes" spiegelte in vielen Bereichen die auf dem Juristentag gefassten Beschlüsse wider. Mit dem 2004 verabschiedeten Kapitalanleger-Musterverfahrensgesetz (KaMuG) reagierte der Gesetzgeber auf die angestoßene Idee einer Prozesserleichterung: Sobald mindestens zehn vergleichbare Anträge auf Schadenersatz wegen falscher Informationen bei einem Landgericht vorliegen, kann seither das zuständige Oberlandesgericht den Fall in Form eines Musterverfahrens mit Bindungswirkung für alle Kläger behandeln.

Rechtseinheit für Europa

Neben Themen aus den klassischen Rechtsgebieten wie Familien- oder Strafrecht spielten seit Anfang der 1990er Jahre auf den Deutschen Juristentagen europarechtliche Fragen eine immer wichtigere Rolle. Die im Dezember 1991 in Maastricht beschlossene Gründung der Europäischen Union hatte die Zusammenarbeit zwischen den europäischen Ländern auf eine neue Stufe gehoben und zu einer stärkeren Kooperation im Rahmen der Außen-, Sicherheits-, Justiz- und Innenpolitik geführt. Die in der Einheitlichen Europäischen Akte 1986 festgelegte Errichtung des Binnenmarktes bis zum 31. Dezember 1992 führte zu verstärkter Rechtsangleichung insbesondere von technischen Normen, Finanzdienstleistungen, Versicherungs-, Steuer-, Transport- und Kommunikationsregelungen. Dadurch ergab sich für die Ständige Deputation eine neue Aufgabe: „Wenn wir als Juristentag nicht erheblich an Einfluss auf das in Deutschland geltende Recht verlieren wollen, müssen wir uns mehr als bisher unmittelbar mit dem europäischen Recht, seiner Fortentwicklung und dort eventuell vorhandenen Missständen beschäftigten." Im Jahr 2000 passte der Deutsche Juristentag seine Satzung an diese Entwicklung an und verankerte die Beschäftigung mit der europäischen Rechtsordnung im zentralen Paragraphen 2 über den Vereinszweck.

Wegen der geringen Einflussmöglichkeiten nationaler Juristenvereinigungen auf den europäischen Gesetzgeber bemühte sich die Ständige Deputation, das erfolgreiche Juristentagsmodell auf den europäischen Raum zu übertragen. 1997 gewann der Vorsitzende der Ständigen Deputation Hans-Jürgen Rabe die Unterstützung der Präsidenten der österreichischen und schweizerischen Juristenvereinigungen für diese Idee. Was zunächst als ein „Deutsch-Österreichisch-Schweizerischer Juristentag" angedacht war, entwickelte sich innerhalb weniger Monate zu einem ehrgeizigen Projekt: der Initiierung eines „Europäischen Juristentages". Ein gemeinsamer Vorbereitungsausschuss entschied über die Themen- und Referentenauswahl der Tagung, die von ihrem Ablauf her einen Kompromiss zwischen den unterschiedlichen Traditionen der drei beteiligten Vereine darstellte. Da die Organisation dem Deutschen Juristentag als größtem Verein oblag, fand die Tagung in Deutschland statt. Als Tagungsort wählten die drei beteiligten Vereine Nürnberg aus. Vor allem die Klärung der Finanzierung, die zum großen Teil durch private Spenden aufgebracht werden musste, erforderte das ganze Engagement der Ständigen Deputation und der Geschäftsstelle. Auch das Fehlen von Juristenvereinigungen mit vergleichbaren Vereinsstrukturen in den meisten anderen europäischen Ländern stellte alle Beteiligten vor große Herausforderungen. Gerade im angelsächsischen und romanischen Rechtskreis reagierten viele Juristen mit Skepsis auf die Idee einer berufsübergreifenden Juristentagung.

Letztendlich behielten diejenigen recht, die selbst in den schwierigsten Phasen an den Erfolg des Projekts geglaubt hatten. Am 13. September 2001, zwei Tage nach den Angriffen auf das World Trade Center in New York, nahm der Erste Europäische Juristentag mit 1.500 Gästen aus 37 Ländern seine Arbeit auf. In Anbetracht der bevorstehenden EU-Osterweiterung hatten viele Juristen aus osteuropäischen Ländern ihren Weg nach Nürnberg gefunden. Der Kongress wurde zu einem Plädoyer für die europäische Zusammenarbeit und ein neues europaweites Verantwortungsgefühl der Juristen. Hans-Jürgen Rabe, den seine Kollegen im Vorbereitungsausschuss zum Tagungsleiter bestimmt hatten, zog in seiner Eröffnungsansprache Parallelen zwischen den aktuellen Entwicklungen und der Entstehungszeit des Deutschen Juristentages: „War es 1860 die Einheit Deutschlands, so ist es in unserer Zeit die Einheit Europas, die auch und vor allen Dingen die Juristen

Bundesjustizministerin Brigitte Zypries auf dem 66. Deutschen Juristentag in Stuttgart 2006.

herausfordert. [...] Es ist aber auch die Zeit gekommen, über die nationalen Grenzen hinaus und jenseits sektoraler europäischer Rechtssetzung über die Grundlagen einer Rechtsordnung in der Europäischen Union nachzudenken."

Mit den Abteilungen „Der Bürger in der Union", „Gemeinschaftsweite Unternehmenstätigkeit" und „Justizielle Zusammenarbeit in Europa" deckte der Kongress ein breites Spektrum gesellschaftsrelevanter juristischer Themen ab. Das kulturelle Rahmenprogramm sorgte, ähnlich wie bei den deutschen Juristentagen, für einen lebendigen Meinungsaustausch auch außerhalb der Abteilungen. Am Ende des Kongresses stand das mit viel Beifall bedachte Angebot des griechischen Justizministers Michalis Stathopoulos, 2003 einen Zweiten Europäischen Juristentag in Athen auszurichten. Mit der Organisation einer Folgetagung durch ein nicht deutschsprachiges Land löste sich der Kongress aus seiner engen Verknüpfung mit dem Deutschen Juristentag und wurde zu einer festen Institution im europäischen Tagungskalender. Bereits anlässlich des Dritten Europäischen Juristentages 2005 in Genf konnte die Präsidentin des Schweizer Juristenvereins Isabelle Häner stolz feststellen: „Die Europäischen Juristentage sind zur Tradition geworden."

Deutsches Recht im europäischen Vergleich

Deutlicher als alle vorausgegangenen Tagungen zeigte der 66. Deutsche Juristentag 2006 in Stuttgart, wie sehr Europa mittlerweile die deutsche Rechtspolitik bestimmte. Nach dem Festvortrag über ein europarechtliches Thema befassten sich die Teilnehmer der Abteilung Steuerrecht mit der Stellung des Hochsteuerlandes Deutschland im europäischen Wettbewerb. Die Zivilrechtliche Abteilung debattierte über die Frage, ob angesichts der globalisierten Gesellschaft am bisherigen deutschen Schadenersatzrecht festgehalten werden könne. Große Aufmerksamkeit zogen vor allem die Diskussionen der Wirtschaftsrechtlichen Abteilung auf sich, die über die Auswirkungen der europäischen Niederlassungsfreiheit auf das deutsche Gesellschaftsrecht beriet. Denn die Gesellschaft mit beschränkter Haftung (GmbH) war nach der 1999 vom Europäischen Gerichtshof bestätigten Möglichkeit, ein deutsches Unternehmen in der Rechtsform eines anderen Mitgliedsstaates zu betreiben, zunehmend unter Druck geraten. Die neue Wahlfreiheit führte dazu, dass gerade von Existenzgründern immer häufiger die weniger strikt reglementierte englische „private company limited by shares" („Limited" beziehungsweise „Ltd.") zur Gesellschaftsform gewählt wurde. Während die GmbH für die Gewährleistung eines hohen Gläubigerschutzes ein Stammkapital von mindestens 25.000 Euro verlangte, genügte zur Gründung einer englischen Limited die nominelle Einzahlung von einem Pfund. Auch die erheblich kürzere Gründungsdauer von maximal zwei Wochen verhalf der Ltd. zu beachtlichen Wettbewerbsvorteilen gegenüber der GmbH.

Sowohl das Bundesjustizministerium als auch führende Wirtschaftsverbände drängten auf eine GmbH-Reform, um das deutsche Gesellschaftsrecht im europäischen Vergleich besser zu positionieren. Justizministerin Brigitte Zypries veröffentlichte im Mai 2006 einen umfangreichen Gesetzesentwurf, der unter anderem eine Absenkung des Mindeststammkapitals von bislang 25.000 auf 10.000 Euro beinhaltete und vom Bundesverband der Deutschen Industrie (BDI) unterstützt wurde. Angesichts der komplexen Fragestellungen stellte die Ministerin die Verabschiedung des Entwurfs jedoch zurück, um die Ergebnisse des 66. djt in die endgültige Fassung einbeziehen zu können. Die in Stuttgart zusammengekommenen Juristen warnten vor einer Absenkung des Mindestkapitals und forderten, die Stärken des alten Rechts im Bereich des Gläubigerschutzes nicht aufzugeben.

Die Beratungen des Juristentages führten zu einem neuen Reformentwurf. Anstelle der ursprünglich geplanten Reduzierung des Stammkapitals wurde die klassische GmbH im Rahmen des am 1. November 2008 in Kraft getretenen Gesetzes zur „Modernisierung des GmbH-Rechts und zur Bekämpfung von Missbräuchen“ (MoMiG) um eine existenzgründerfreundlichere Unterform erweitert. Die „Mini-GmbH“, auch „Unternehmergesellschaft“ genannt, kann mit lediglich einem Euro gegründet werden; eine Rückstellung von 25 Prozent der jährlichen Gewinne sorgt dafür, das Mindeststammkapital einer normalen GmbH nach und nach anzusparen. Damit gewann die deutsche GmbH im Wettbewerb der Gesellschaftsformen wieder an Bedeutung. Bereits kurz nach der Verabschiedung des Gesetzes ging die Attraktivität der Limited spürbar zurück.

Rechtssicherheit am Ende des Lebens

Großer Einfluss kam den Stellungnahmen des 66. Deutschen Juristentages auch bei den in der Öffentlichkeit emotional diskutierten Fragen der Sterbehilfe und Patientenautonomie zu. Seit den 1980er Jahren hatte sich innerhalb der Bevölkerung eine zunehmend kritischere Haltung gegenüber den Möglichkeiten der Medizin entwickelt, das Sterben durch Dialyse, künstliche Ernährung oder Medikamente hinauszuzögern. Dies erschien immer mehr Menschen als unvereinbar mit einem würdevollen Tod. Der Bewusstseinswandel in der Gesellschaft zeigte sich in der wachsenden Akzeptanz aktiver Sterbehilfe, die durch neue liberale Gesetzgebungen in den Nachbarländern wie den Niederlanden (2000) und Belgien (2002) gefördert wurde. Darüber hinaus verfasste eine wachsende Zahl von Bundesbürgern Patientenverfügungen, um mit einem schriftlich niedergelegten Wunsch zu verhindern, in bestimmten Situationen künstlich am Leben erhalten zu werden. 2006 existierten bereits knapp acht Millionen solcher Willensbekundungen. Es fehlten jedoch gesetzliche Regelungen, die diesen Menschen Rechtssicherheit gaben. Ob die festgelegten Anweisungen befolgt wurden, hing in erster Linie von der persönlichen Einstellung des Arztes ab. Das von der Bundesärztekammer erlassene standesrechtliche Verbot der Beihilfe zum Suizid führte dazu, dass die meisten Mediziner vor einer Einstellung lebensverlängernder Maßnahmen eher zurückschreckten, um nicht die Zulassung zu verlieren.

Angesichts dieser Situation erhoffte sich das Bundesjustizministerium von der Abteilung „Patientenautonomie und Strafrecht bei der Sterbebegleitung" des 66. Juristentages eine Klärung, innerhalb welcher Grenzen der Mensch den Verlauf seines Lebens selbst bestimmen kann. Am Ende der Debatte mit rund 500 Teilnehmern, unter ihnen auch zahlreiche Ärzte, stand ein klares Signal gegen aktive Sterbehilfe. Die Juristen appellierten jedoch an die Bundesärztekammer, durch eine Auflockerung des strikten standesrechtlichen Lebensrettungsgebots den Medizinern in Extremfällen die Sterbebegleitung zu erlauben. Mit großer Mehrheit sprachen sich die Anwesenden dafür aus, für die Patientenverfügung klare gesetzliche Regelungen einzuführen und den Willen des Patienten als oberste Richtlinie anzuerkennen. Mit dieser eindeutigen Stellungnahme schwächte der Juristentag die Position der konservativen Abgeordneten im Bundestag, die eine Verbindlichkeit der Patientenverfügungen nur dann sehen wollten, wenn eine Krankheit „unumkehrbar einen tödlichen Verlauf genommen" hatte. Der Juristentag wurde so zu einem Wegbereiter für das am 1. September 2009 in Kraft getretene Gesetz zur Patientenverfügung, das eine Rechtsverbindlichkeit des schriftlichen Patientenwillens einführte.

Arbeitsrecht zwischen den Fronten

Mit dem Thema „Unternehmensmitbestimmung vor dem Hintergrund europarechtlicher Entwicklungen" fasste der Juristentag in Stuttgart 2006 auch auf dem Gebiet des Arbeitsrechts ein hoch umstrittenes Thema an. Seit längerem drängten der Bundesverband der Deutschen Industrie (BDI) und die Bundesvereinigung der Deutschen Arbeitgeberverbände (BDA) auf eine Modifizierung des europaweit einzigartigen deutschen Mitbestimmungsgesetzes, das Arbeitnehmern von Betrieben mit mehr als 2.000 Mitarbeitern eine paritätische Mitbestimmung im Aufsichtsrat sichert. Beide Verbände traten mit drastischen Reformvorschlägen an die Öffentlichkeit. Zur Forderung der Arbeitgeberverbände zählte die Neuorientierung des deutschen Mitbestimmungsrechts zugunsten eines Modells, das vorrangig auf eine Verhandlungslösung setzt und für den Fall des Scheiterns der Verhandlungen den Arbeitnehmern ein Drittel aller Aufsichtsratsmandate zugesteht. Dieses Vorhaben stieß auf den erbitterten Widerstand der Gewerkschaften. Sie verteidigten die paritätische Mitbestimmung als ein Erfolgsmodell, das auf kleinere Unternehmen übertragen werden sollte.

Beide Seiten setzten den Streit auf dem Juristentag in Stuttgart fort. Nachdem sich eine Kampfabstimmung abzeichnete, verzichtete der Diskussionsleiter Gregor Thüsing auf eine Beschlussfassung. Auf dem vorangegangenen Juristentag 2004 in Bonn hatte eine ähnliche Situation zu einem Eklat geführt: Die Gewerkschaftsvertreter hatten vor der Abstimmung unter Protest den Sitzungssaal verlassen, nachdem bei ihnen der Eindruck entstanden war, dass die Arbeitgeberverbände durch Mobilisierung von zusätzlichen Stimmberechtigten ihre Position durchsetzen wollten. Die Stuttgarter Tagung bot trotz des Verzichts auf die Abstimmung eine breite, ebenso kontroverse wie offene Diskussion, die deutlich machte, dass die Meinungsbildung in dieser rechtspolitisch strittigen Frage noch längst nicht abgeschlossen war.

Bewegung auch im Prozessrecht

Mit klärenden Beschlüssen schaltete sich der Deutsche Juristentag auch in die Reform des Straf- und Zivilprozessrechts ein. Seit den 1980er Jahren gehörten Verständigungen über Strafprozessergebnisse mehr und mehr zur alltäglichen Verfahrenswirklichkeit vor deutschen Gerichten. Die Absprachen ermöglichten nicht nur eine Abkürzung langwieriger Verfahren, um die Justiz zu entlasten, sondern wurden zugleich genutzt, um Opfern psy-

Die Präsidenten der Deutschen Juristentage 1990 bis 2010

Richter Dr. Harald Franzki (1924–2005), Vorsitzender der Juristentage 1990 und 1992, war zwischen 1976 und 1989 Präsident des Oberlandesgerichts Celle. Zu seinen Schwerpunktthemen gehörten die Entwicklung des Arzthaftungsrechts und die Aufarbeitung der jüngeren Justizgeschichte. Nach seiner Pensionierung war Franzki in den Jahren 1990/91 Vorsitzender des Richterwahlausschusses zur Überprüfung ehemaliger DDR-Richter für den Bezirk Halle/Saale.

Mit Prof. Dr. Hans-Jürgen Rabe (geb. 1935) trat 1993 nach 23 Jahren erstmals wieder ein Rechtsanwalt an die Spitze des Juristentages. Als Honorarprofessor für Europarecht an der Universität Hamburg, Mitherausgeber der Zeitschrift EUROPARECHT und Anwalt in Brüssel verfügte er über die besten Voraussetzungen, um den Deutschen Juristentag auf die Herausforderungen durch die Europäische Union einzustellen. Zuvor war er von 1978 bis 1983 Präsident des Deutschen Anwaltvereins.

1998 übernahm Prof. Dr. Reinhard Böttcher (geb. 1937) das Amt des Vorsitzenden, nachdem er bereits ab 1993 als Stellvertreter von Hans-Jürgen Rabe fungiert hatte. Böttcher war von 1994 bis 2002 Präsident des Oberlandesgerichts Bamberg, ab 1996 auch Mitglied des Bayerischen Verfassungsgerichtshofs. Zudem lehrt er an der Universität München. Seit 2005 ist er Bundesvorsitzender der Opferschutzorganisation WEISSER RING e.V.

Von 2002 bis 2006 leitete der bekannte Verfassungs- und Steuerrechtler Prof. Dr. Paul Kirchhof (geb. 1943) die Ständige Deputation. Neben seiner Tätigkeit als Direktor des Instituts für Finanz- und Steuerrecht an der Universität Heidelberg gehörte Kirchhof von 1987 bis 1999 zu den einflussreichsten Richtern am Bundesverfassungsgericht. 2000 rief er die Forschungsstelle Bundessteuergesetzbuch ins Leben.

2006 übernahm mit Prof. Dr. Martin Henssler (geb. 1953) ein anerkannter Arbeits-, Handels- und Gesellschaftsrechtler den Vorsitz der Ständigen Deputation. Seit 1998 ist er als geschäftsführender Direktor des Instituts für Arbeits- und Wirtschaftsrecht an der Universität zu Köln und Leiter des Dokumentationszentrums für Europäisches Anwalts- und Notarrecht tätig. Auch das Kölner Institut für Anwaltsrecht steht unter seiner Leitung.

chisch belastende Beweisaufnahmen zu ersparen. 1990 gab es nach einzelnen Schätzungen bereits in 30 Prozent aller Strafverfahren eine vorhergehende informelle Verständigung über Strafe, Bußgeld oder Wiedergutmachung, ohne dass diese Vorgehensweise gesetzlich geregelt war. Als erstes Fachgremium kritisierte der 58. Deutsche Juristentag in München diese Absprachenpraxis. Die Mehrheit der Anwesenden bestätigte die grundsätzlichen Vorteile der Verständigung für die Beschleunigung von Strafverfahren, forderte jedoch die Einhaltung von bestimmten Richtlinien, um Grundsätze des Rechtsstaates wie das Recht des Angeklagten auf ein faires Verfahren nicht zu gefährden. Unter ausdrücklicher Bezugnahme auf die Beratungen des Juristentages stellte der Bundesgerichtshof 1997 ein Regelwerk für die Verständigung im Strafprozess auf. Auch der im Mai 2009 verabschiedete Entwurf des Bundesjustizministeriums für erste gesetzliche Richtlinien bezog sich noch einmal ausdrücklich auf die Juristentagsberatungen des Jahres 1990.

Als es zur Jahrtausendwende zu einer offenen Konfrontation zwischen Justizministerin Herta Däubler-Gmelin und Teilen der Richter- und Anwaltschaft über eine Verkürzung und Veränderung des Instanzenwegs kam, wurde der Deutsche Juristentag erneut vom Bundesjustizministerium in den Gesetzgebungsprozess einbezogen. Auf dem 63. Deutschen Juristentag 2000 in Leipzig stellte sich Däubler-Gmelin mit einem Referat über den neuen Reformentwurf zum ersten Mal im Rahmen einer größeren Veranstaltung der Fachkritik. Die Anmeldung von 800 Personen für diese Podiumsdiskussion zeigte die Brisanz des Themas. Dank der bewährten „Streitkultur" des Juristentages lief die Debatte in sachlichen Bahnen, in einigen Punkten gab es sogar verhalten freundlichen Beifall. Die Medien berichteten später von einer „fast versöhnlich anmutenden Diskussionsatmosphäre" anstelle der bis dahin „hart und kompromisslos" geführten Auseinandersetzung. Zwei Jahre nach dem Inkrafttreten des Gesetzes zur Neuordnung des Zivilprozesses führten auf der 65. Vereinstagung in Bonn 2004 Bundesjustizministerium und Deutscher Juristentag gemeinsam eine „Qualitätskontrolle" der Reform durch. Grundlage der Abteilung waren sieben Kurzgutachten zu verschiedenen Reformbereichen, die sowohl die richterliche als auch die anwaltliche und wissenschaftliche Sicht abdeckten. Trotz bleibender Kritik an einzelnen Punkten stellten die Anwesenden der neuen Zivilprozessordnung ein positives Zeugnis aus und trugen damit zu einer verstärkten Akzeptanz der anfangs umstrittenen Reform bei.

Auch im Fall des 2007 erlassenen Rechtsdienstleistungsgesetzes (RDG), das Umfang und Grenzen des Rechtsberatungsmonopols der Anwälte regelte, hörte der Gesetzgeber auf die Empfehlungen des Juristentages. Wirtschaftsprüfer, Steuer- und Unternehmensberater, Diplomwirtschaftsjuristen, aber auch Banken, Rechtsschutzversicherungen und Verbände hatten zuvor immer nachdrücklicher eine Öffnung der außergerichtlichen Rechtsberatung verlangt, die seit den 1930er Jahren laut Gesetz allein den Anwälten zukam. Im Vorfeld des Juristentages in Bonn 2004 entwickelte das Bundesjustizministerium einen ersten Vorentwurf, um ihn dort im Rahmen einer Abteilung zur Diskussion zu stellen. Die Warnungen der juristischen Experten vor einer weiteren Deregulierung der Rechtsberatung und einer wachsenden Betätigung von nicht ausreichend qualifizierten Personen wurden zu einer wichtigen Richtlinie für das RDG. Entsprechend

Die Zivilrechtliche Abteilung auf dem Erfurter Juristentag 2008 unter der Vorsitzenden Ingeborg Schwenzer (Dritte von links).

dem Votum des Juristentages kam die allgemeine Öffnung des Rechtsberatungsmarktes nicht zustande. Wer rechtlich beraten will, muss eine abgeschlossene juristische Ausbildung haben und als Rechtsanwalt zugelassen sein. Nur die Erteilung einfachen Rechtsrats und die Erbringung von Rechtsdienstleistungen, die lediglich Nebenleistungen darstellen, steht nach der Neuregelung auch Nichtanwälten offen.

Der 67. Deutsche Juristentag in Erfurt

Der von Bundespräsident Horst Köhler eröffnete 67. Juristentag in Erfurt 2008 zeigte einmal mehr das Gespür des Vereins für aktuelle Debatten und große Entwicklungslinien der Rechtspolitik. So ging es in der strafrechtlichen Abteilung auch um die durch die umstrittenen Methoden im US-Lager Guantanamo erneut brisant gewordene Frage, ob ein demokratischer Staat vor Gericht Erkenntnisse nutzen darf, die unter fragwürdigen Umständen zustande gekommen sind. Ebenso aktuell war das Thema der öffentlich-rechtlichen Abteilung, das sich mit der Notwendigkeit klarer gesetzlicher Regelungen für die Privatisierung öffentlicher Aufgaben beschäftigte, die aufgrund leerer Haushaltskassen auch vor der öffentlichen Sicherheit und dem Strafvollzug nicht haltmachte. Die Abteilung Mediation beriet vor dem Hintergrund der im Mai 2008 verabschiedeten EU-Mediationsrichtlinie in enger Abstimmung mit dem Bundesjustizministerium über notwendige Gesetzesänderungen im Bereich der einvernehmlichen Streitbeilegung. Die weitere Zunahme nichtehelicher Lebensgemeinschaften – 2008 lebten 2,4 Millionen Paare ohne Trauschein zusammen – hatte den Juristentag veranlasst, sich darüber hinaus erneut mit den Formen und Auswirkungen nichtehelichen Zusammenlebens auseinanderzusetzen und über gesetzliche Regelungen für eine Beendigung einer solchen Beziehung zu debattieren. Während beim Scheitern einer Ehe vielfältige Regelungen zum Schutz des schwächeren Partners existieren, bewegen sich Paare ohne Trauschein in einem rechtsfreien Raum, selbst wenn die Beziehung über viele Jahre nach dem „Hausfrauenmodell" gelebt wurde. Die arbeitsrechtliche Abteilung nahm sich der Herausforderung einer alternden Gesellschaft an, während die wirtschaftsrechtliche Abteilung Strukturfragen des Kapitalgesellschaftsrechts aufgriff, denen vor allem wegen der Finanzkrise neue Bedeutung zukam.

Angesichts des unvermindert engagierten Einsatzes für die Fortentwicklung des Rechtes bekam der Deutsche Juristentag im Juli 2009 den Ehrenpreis der Deutschen Gesellschaft für Gesetzgebung e.V. (DGGEV) zugesprochen, die „damit den besonderen Stellenwert des Deutschen Juristentages und seine Bedeutung für die rechtspolitische Diskussion fachübergreifend" würdigte. Damit schloss sich die Jury dem Urteil der Bundesjustizministerin Brigitte Zypries an, die 2006 die Rolle des Deutsche Juristentages als „das zentrale Forum der rechtspolitischen Debatten in unserem Land" betont hatte: Seine „Beschlüsse haben großen Einfluss auf unsere Gesetzgebung".

Ausblick des Präsidenten des 68. Deutschen Juristentages, Prof. Dr. Martin Henssler

Wenn man sich anlässlich des 150-jährigen Jubiläums die Frage stellt, ob der Deutsche Juristentag noch immer zeitgemäß ist und gebraucht wird, so kann man mit einem uneingeschränkten Ja antworten. Mehr denn je stellen die zunehmende Komplexität der Rechtsordnung, europarechtliche Einflüsse, die Internationalisierung des Wirtschaftslebens und der Kapitalmärkte Rechtsprechung und Gesetzgebung vor eine Fülle neuer Aufgaben. Daher ist die Rechtspolitik dringend darauf angewiesen, dass der Sachverstand und das Fachwissen aller juristischen Professionen jenseits von Partikularinteressen in das Gesetzgebungsverfahren eingebracht werden. Gerade angesichts der wachsenden Tendenz, große Anwaltskanzleien oder externe Lobbyisten mit der Erarbeitung von

Gesetzesentwürfen zu beauftragen, bedarf unsere Rechtskultur einer Vereinigung mit der idealistischen Zielsetzung des Deutschen Juristentages. Wer sich unserem Verein anschließt, dem geht es nicht um Interessenvertretung, berufliche Weiterbildung oder Tipps zur Erleichterung der täglichen Arbeit. Wir wenden uns an engagierte Juristinnen und Juristen, die über die Enge ihres Berufsstandes und ihres Tagesgeschäftes hinausblicken, engagierte Juristinnen und Juristen, die die Gestaltung des Rechts nicht allein der Politik überlassen, sondern ihre praktische Erfahrung im Dienst der Rechtsfortbildung „pro bono publico" einbringen möchten.

Solange es solche Juristinnen und Juristen gibt, ist dem Deutschen Juristentag eine erfolgreiche Zukunft gewiss. Die zentralen Eckpfeiler der Vereinstätigkeit – pluralistische Zusammensetzung, Unabhängigkeit und Neutralität, fundierte wissenschaftliche Vorbereitung der Themen, durch Mehrheitsbeschlüsse legitimierte Empfehlungen, Transparenz der Entscheidungsfindung – haben heute wie in den vergangenen 150 Jahren unvermindert Bestand. Entsprechend hat das Bundesjustizministerium betont, dass es auch in Zukunft auf die Unterstützung des Juristentages vertraue. Der Jubiläumsjuristentag 2010 in Berlin zeigt unsere fortgesetzte Bereitschaft, „heiße Eisen" anzupacken. Mit dem kirchenrechtlichen Thema, der Finanzmarktregulierung, dem „deal" im Strafverfahren, den prekären Arbeitsverhältnissen, der Zukunft der Freien Berufe und der Gleichstellung der Geschlechter kann der 68. Deutsche Juristentag für sich in Anspruch nehmen, eine Auswahl der aktuell wichtigsten rechts- und gesellschaftspolitischen Themen zur Diskussion zu stellen. Wie immer werden Fachwelt, Gesetzgeber und Medien mit großem Interesse auf die Antworten des Deutschen Juristentages warten.

Prof. Dr. Martin Henssler

Die Tagungsorte und Präsidenten des Deutschen Juristentages

1. djt	Berlin	1860	Carl Georg von Wächter
2. djt	Dresden	1861	Johann Caspar Bluntschli
3. djt	Wien	1862	Carl Georg von Wächter
4. djt	Mainz	1863	Carl Georg von Wächter
5. djt	Braunschweig	1864	Carl Georg von Wächter
6. djt	München	1867	Carl Georg von Wächter
7. djt	Hamburg	1868	Rudolf von Gneist
8. djt	Heidelberg	1869	Johann Caspar Bluntschli
9. djt	Stuttgart	1871	Rudolf von Gneist
10. djt	Frankfurt am Main	1872	Rudolf von Gneist
11. djt	Hannover	1873	Rudolf von Gneist
12. djt	Nürnberg	1875	Rudolf von Gneist
13. djt	Salzburg	1876	Rudolf von Gneist
14. djt	Jena	1878	Rudolf von Gneist
15. djt	Leipzig	1880	August Drechsler
16. djt	Kassel	1882	Rudolf von Gneist
17. djt	Würzburg	1884	Rudolf von Gneist
18. djt	Wiesbaden	1886	Rudolf von Gneist
19. djt	Stettin	1888	August Drechsler
20. djt	Straßburg	1889	Rudolf von Gneist
21. djt	Köln	1891	August Drechsler
22. djt	Augsburg	1893	Rudolf von Gneist
23. djt	Bremen	1895	August Drechsler
24. djt	Posen	1898	Melchior Stenglein
25. djt	Bamberg	1900	Karl von Stoesser
26. djt	Berlin	1902	Heinrich Brunner
27. djt	Innsbruck	1904	Heinrich Brunner
28. djt	Kiel	1906	Theodor Olshausen
29. djt	Karlsruhe	1908	Heinrich Brunner
30. djt	Danzig	1910	Heinrich Brunner
31. djt	Wien	1912	Heinrich Brunner
32. djt	Bamberg	1921	Wilhelm Kahl
33. djt	Heidelberg	1924	Wilhelm Kahl

34. djt	Köln	1926	Wilhelm Kahl
35. djt	Salzburg	1928	Wilhelm Kahl
36. djt	Lübeck	1931	Georg Wildhagen
37. djt	Köln	1949	Ernst Wolff
38. djt	Frankfurt am Main	1950	Ernst Wolff
39. djt	Stuttgart	1951	Ernst Wolff
40. djt	Hamburg	1953	Herbert Ruscheweyh
41. djt	Berlin	1955	Herbert Ruscheweyh
42. djt	Düsseldorf	1957	Herbert Ruscheweyh
43. djt	München	1960	Herbert Ruscheweyh
44. djt	Hannover	1962	Ernst Friesenhahn
45. djt	Karlsruhe	1964	Ernst Friesenhahn
46. djt	Essen	1966	Ernst Friesenhahn
47. djt	Nürnberg	1968	Konrad Redeker
48. djt	Mainz	1970	Konrad Redeker
49. djt	Düsseldorf	1972	Wilhelm Röhl
50. djt	Hamburg	1974	Wilhelm Röhl
51. djt	Stuttgart	1976	Wilhelm Röhl
52. djt	Wiesbaden	1978	Günther Weinmann
53. djt	Berlin	1980	Günther Weinmann
54. djt	Nürnberg	1982	Günther Weinmann
55. djt	Hamburg	1984	Marcus Lutter
56. djt	Berlin	1986	Marcus Lutter
57. djt	Mainz	1988	Marcus Lutter
58. djt	München	1990	Harald Franzki
59. djt	Hannover	1992	Harald Franzki
60. djt	Münster	1994	Hans-Jürgen Rabe
61. djt	Karlsruhe	1996	Hans-Jürgen Rabe
62. djt	Bremen	1998	Hans-Jürgen Rabe
63. djt	Leipzig	2000	Reinhard Böttcher
64. djt	Berlin	2002	Reinhard Böttcher
65. djt	Bonn	2004	Paul Kirchhof
66. djt	Stuttgart	2006	Paul Kirchhof
67. djt	Erfurt	2008	Martin Henssler
68. djt	Berlin	2010	Martin Henssler

Quellen

Verhandlungen des Deutschen Juristentages. Hrsg. vom Schriftführer-Amt der Ständigen Deputation. Berlin u. a. 1860–2009.

Gesamtregister der Verhandlungen des Deutschen Juristentages 1860–1957. Bd. 1: Verhandlungen, Bd. 2: Verzeichnisse. Hamburg 1958. Ms.

Der Deutsche Juristentag 1960 bis 2004. Gesamtregister. Zusammengestellt von Stefan Freuding. München 2006.

Protokolle der Sitzungen der Ständigen Deputation 1949–2004. Ms., Protokollbände im Archiv des Deutschen Juristentages.

Berliner Kundgebung 1952 des Deutschen Juristentages. Hrsg. von der Ständigen Deputation des Deutschen Juristentages. Tübingen 1952.

Tagung Deutscher Juristen Bad Godesberg 30. September/1. Oktober 1947. Sonderveröffentlichungen des Zentral-Justizblatts für die Britische Zone. O.O. 1947.

Bundesarchiv Koblenz, Bestand B 411 Deutscher Juristentag e.V.

Hintergrundgespräche mit Felix Busse, Prof. Dr. Martin Henssler, Hans-Joachim Kurland, Dr. Andreas Nadler und Prof. Dr. Konrad Redeker.

Ausgewählte Literatur

Conrad, Hermann/Dilcher, Gerhard/Kurland, Hans-Joachim, Der Deutsche Juristentag 1860 bis 1994. München 1997.

Fijal, Andreas, Die Geschichte der Juristischen Gesellschaft zu Berlin in den Jahren 1859 bis 1933. Berlin 1990.

Göppinger, Horst, Juristen jüdischer Abstammung im „Dritten Reich". Entrechtung und Verfolgung. 2. Aufl., München 1990.

An den Grenzen des Rechts. Gespräche mit Juristen über die Verfolgung von NS-Verbrechen. Hrsg. von Thomas Horstmann und Heike Litzinger. Frankfurt a. M., New York 2006.

Greve, Michael, Der juristische und rechtspolitische Umgang mit den NS-Gewaltverbrechen in den sechziger Jahren. Frankfurt a. M. 2001.

Hartwich, Esther, Der deutsche Juristentag von seiner Gründung

1860 bis zu den Reichsjustizgesetzen 1877 im Kontext von Nationsbildung und Rechtsvereinheitlichung. Berlin 2008.

Hiersemenzel, Carl Christian Eduard, Zur Geschichte des Deutschen Juristentages. Vorwort. In: Verhandlungen des Ersten Deutschen Juristentages. Hrsg. vom Schriftführer-Amt der Ständigen Deputation. Berlin 1860, S. III–XIX.

Hundert Jahre Deutsches Rechtsleben. Festschrift zum hundertjährigen Bestehen des Deutschen Juristentages 1860–1960. Im Auftrag der Ständigen Deputation des Deutschen Juristentages hrsg. von Ernst von Caemmerer, Ernst Friesenhahn und Richard Lange. Karlsruhe 1960.

Juristinnen in Deutschland. Eine Dokumentation (1900–1989). Hrsg. vom Deutschen Juristinnenbund. 2. Aufl., Frankfurt a. M. 1989.

Just-Dahlmann, Barbara/Just, Helmut, Die Gehilfen. NS-Verbrechen und die Justiz nach 1945. Frankfurt a. M. 1988.

Landau, Peter, Die deutschen Juristen und der nationalsozialistische Deutsche Juristentag in Leipzig 1933. In: Zeitschrift für Neuere Rechtsgeschichte. 16. Jg., 1994, S. 373–390.

Neumann, Hugo, Der erste Deutsche Juristentag zu Berlin am 28.–30. August 1860. Ein Erinnerungsblatt. In: Deutsche Juristen-Zeitung. 7. Jg., 1902, S. 398–400.

Olshausen, Theodor, Der deutsche Juristentag. Sein Werden und Wirken. Eine Festschrift zum fünfzigjährigen Jubiläum. Berlin 1910.

Rabe, Hans-Jürgen, Der Deutsche Juristentag und sein erster Präsident. In: NJW, 51. Jg., 1998, S. 1681–1685.

Stenglein, Melchior, Geschichte des Deutschen Juristentages. Ein Rückblick. In: Deutsche Juristen-Zeitung, 7. Jg., 1902, S. 401–406.

Thomsen, Theodor Ludwig, Gesammtbericht über die Thätigkeit des deutschen Juristentags in den 25 Jahren seines Bestehens 1860–1885. Berlin 1885.

Wolff, Ernst, Erinnerungen aus der Ständigen Deputation des Deutschen Juristentages. In: Süddeutsche Juristenzeitung, 4. Jg., 1949, Spalte 817–820.

Bildnachweis

Soweit nicht anders vermerkt, befinden sich die verwendeten Bilder im Besitz des Deutschen Juristentages e.V. oder des Geschichtsbüros Reder, Roeseling & Prüfer. Sollte es uns trotz gründlicher Recherche nicht gelungen sein, sämtliche Inhaber von Bildrechten ermittelt zu haben, bitten wir diese, sich mit uns in Verbindung zu setzen.

akg-images: S. 23.

Bildarchiv Preußischer Kulturbesitz: S. 40.

Bundesarchiv: S. 104, 107, 109.

Bundesbildstelle: S. 91, 94, 100
(Fotograf: Rolf Unterberg).

picture alliance: S. 120.

SZ Photo: S. 68, 72.

ullstein bild: S. 27, 48, 53, 61, 70.

rulle & kruska: S. 116, 129, 140.